EVA-MARIA BAST | EKKEHARD OEHLER-AUSTIN

Hannoversche Geheimnisse

50 SPANNENDE GESCHICHTEN AUS DER NIEDERSÄCHSISCHEN LANDESHAUPTSTADT

HAZ

Bast, Eva-Maria; Oehler-Austin, Ekkehard
Hannoversche Geheimnisse – 50 spannende Geschichten
aus der niedersächsischen Landeshauptstadt

HANNOVERSCHE ALLGEMEINE ZEITUNG in Kooperation mit:
Bast Medien Service, Münsterstr. 35, 88662 Überlingen
(verantwortlich)
2. Auflage 2015.
ISBN: 978-3-9816796-5-6

Lektorat: Lena Bast
Covergestaltung: Jarina Binnig, Cornelia Müller
Layout: Homebase – Kommunikation & Design, Jarina Binnig
Grafik: Stefanie Kerstan, Jessica Steller
Satz: Homebase – Kommunikation & Design
Druck: werk zwei Print+Medien Konstanz GmbH

Ein Titel aus der preisgekrönten Reihe „Geheimnisse der Heimat“

Inhalt

Vorwort

Willkommen in Hannover, willkommen in diesem Buch. Sie entdecken die Stadt als Tourist oder Neubürger gerade für sich? Dann sind Sie hier goldrichtig. Sie kennen die Stadt und sind recht sicher, alles schon gesehen zu haben? Wirklich? Urteilen Sie nicht zu schnell. Denn schließlich führt die kleine Reise, zu der wir Sie auf den folgenden Seiten einladen, ins Reich der großen und kleinen hannoverschen Geheimnisse. Zu kuriosen Türklinken und seltsamen Steinen, zu Brunnen, die falsch platziert scheinen, und Kirchen, deren Symbolik auf den zweiten Blick höchst rätselhaft wirkt. Ich bin überzeugt: So haben Sie Hannover noch nicht gesehen – weder als Einheimischer noch als Gast in der niedersächsischen Landeshauptstadt.

Zugegeben, es ist nicht immer so ganz fein, Geheimnisse zu verraten. Aber es bleibt eben doch immer unglaublich interessant zu erfahren, was da im Dunkeln liegt. Oder liegen sollte. Das ist schon in Kindertagen so, wenn es um ein Geschenk zu Weihnachten oder die Aufgaben der Klassenarbeit geht – und es ändert sich im Erwachsenenalter kein bisschen. Nur die Themen wandeln sich. Daher haben sich unsere Autoren Eva-Maria Bast und Ekkehard Oehler-Austin auf die Suche nach echten Stadt-Rätseln gemacht und ein im Wortsinn geheimnisvolles Buch zur hannoverschen Geschichte und Gegenwart für Sie zusammengestellt.

So eine Arbeit passt perfekt zu einer Zeitung. Die Suche nach Geheimnissen (oder passender vielleicht: Informationen) ist schließlich auch das tägliche Brot der Journalisten. Und nicht selten erleben auch wir, was unsere Buch-Autoren bei ihren fünfzig Streifzügen durch Hannover erfahren haben: Längst nicht alles in der Stadt ist so, wie es erscheint. Und hinter mancher gut gepflegten Fassade, hinter dem einen oder anderen zunächst unbedeutend wirkenden Detail steckt eine richtig spannende Geschichte. Man muss nur einmal genau hinsehen oder einfach jemanden finden, der sich gut auskennt. Dazu ist guter Spürsinn nötig und natürlich jede Menge Zeit. Denn die wahren Geheimnisse erschließen sich nicht immer sofort, sondern brauchen den ruhigen Blick. Um den haben wir Tagesjournalisten unsere beiden Autoren von Zeit zu Zeit einmal beneidet – ein Buch entsteht halt doch in weit ruhigerem Rhythmus als eine Zeitung.

Genießen Sie umso mehr die anregenden Streifzüge, die Eva-Maria Bast als Initiatorin der „Geheimnisse"-Reihe und der engagierte Hannover-Kenner Ekkehard Oehler-Austin mit echten hannoverschen Geheimnisträgern für uns durch die Stadt unternommen haben. Entdecken Sie Unbekanntes aus der Stadt – und Bekanntes vielleicht ganz neu. Erleben Sie, wie sich das Große der Geschichte gar nicht so selten im Kleinen spiegeln kann.

Sollten Sie Dinge erfahren, die Sie besser für sich behalten wollen, ist das völlig in Ordnung. Wenn ihnen aber unser kleines Buch gefällt, muss das ja nicht unbedingt ein Geheimnis bleiben …

Ich wünsche Ihnen viel Freude beim Lesen und Stöbern!

Herzlichst
Ihr

Hendrik Brandt
Chefredakteur
Hannoversche Allgemeine Zeitung

Die Autoren

Eva-Maria Bast, Jahrgang 1978, arbeitet seit 1996 für verschiedene Zeitungen und Magazine. 2011 gründete sie mit Heike Thissen das Journalistenbüro „Büro Bast & Thissen“, das 2013 erweitert wurde und sich nun „Bast Medien Service“ nennt. Eva-Maria Bast initiierte und schreibt die Buchreihe „Geheimnisse der Heimat“, die 2011 startete, rasch zu einem regionalen Bestseller wurde und die 2015 in 22 Bänden vorliegt. 2012 wurde die Tageszeitung Südkurier für die Geheimnis-Reihe mit dem Deutschen Lokaljournalistenpreis der Konrad-Adenauer-Stiftung in der Kategorie „Geschichte“ ausgezeichnet. 2012 begann Bast sich auch der Belletristik zu widmen. Mit „Vergissmichnicht“ gab sie ihr Krimidebüt, „Tulpentanz“ folgte ein Jahr später. Im Frühjahr 2014 erschien Teil 1 (Mondjahre) und 2015 Teil 2 (Kornblumenjahre) ihrer zeitgeschichtlichen Jahrhundertsaga. Seit Juni 2015 ist sie Gastdozentin an der Hochschule der Medien Stuttgart. Eva-Maria Bast lebt mit ihrer Familie in Überlingen am Bodensee.

Ekkehard Oehler-Austin, Jahrgang 1973, kam 1994 nach Hannover, um Literatur und Politik zu studieren. Bis dahin dachte er, das Beste an dieser Stadt sei der Bahnhof, um sie schnell wieder in Richtung der ostfriesischen Heimat verlassen zu können. Doch dann entwickelte sich aus einem Studentenjob als Leibniz-Darsteller eine große Sympathie für Hannover. Neben Leibniz verkörperte er zahlreiche andere hannoversche Originale wie Wilhelm Busch, Nachtwächter Melchior, und Hermann Löns. Er ist Verfasser zahlreicher Stücke, die sich mit der Stadtgeschichte befassen, 2009 kam seine „Jahrhundert-Revue“ heraus. Im Madsack-Verlag ist sein Buch „Mittendrin“ mit zehn Spaziergängen durch die Stadt und „Extratour“ mit elf weiteren Rundgängen erschienen. Ekkehard Oehler-Austin ist der Vorsitzende des Extrachores der Staatsoper Hannover und spielt hin und wieder in verschiedenen Ensembles Horn. Er lebt mit seiner Familie in Linden.

Klaus Eichstaedt streicht fast schon ehrfurchtsvoll über den Rand des kleinen Häuschens.

01

Feuermelder

Wichtig, doch nie gebraucht

Es ist ziemlich klein. So klein, dass es selbst viele Rathausmitarbeiter, die hier täglich vorbeigehen, noch nie bemerkt haben. „Dabei", schmunzelt Klaus Eichstaedt, „hängt das winzige Ding, das die Form eines Häuschens hat, an sehr prominenter Stelle an der Wand, nämlich direkt neben den Aufzügen im Erdgeschoss auf der rechten Seite." Bis zu seiner Pensionierung im Jahr 2009 war Klaus Eichstaedt 24 Jahre lang Hausmeister im Neuen

Rathaus und kennt das Gebäude besser als manch einer seine Westentasche. Klar, dass er weiß, um was es sich bei dem kleinen häuschenartigen Gebilde handelt: „Das ist ein alter Feuermelder“, sagt er. „Er sollte eigentlich ins Museum der Feuerwehr wandern, aber wir haben uns dagegen gewehrt, aus historischen Gründen wollten wir ihn hierbehalten.“ Als das monumentale Rathaus mit seinen 287 Büros und den zwölf Sitzungssälen in den Jahren 1901 bis 1913 errichtet wurde, seien diese Feuermelder bereits eingebaut, jedoch erst nach der Fertigstellung des Gebäudes 1913 angeschlossen worden, erzählt Eichstaedt. „Solche Häuschen befanden sich in jedem Stockwerk, allerdings nur auf der westlichen Seite, auf der östlichen nicht.“ Für Klaus Eichstaedt gibt es hierfür eine ganz einfache Erklärung: „Der westliche Teil ist der, in dem die ganze Prominenz sitzt, Oberbürgermeister, Bürgermeister, Dezernenten und Amtsleiter. Da war einfach mehr los.“

Überbleibsel aus dem Jahr 1913.

Im Brandfall hätte die Scheibe eingeschlagen werden müssen. „Dahinter befindet sich ein Knopf, das kann man heute nicht mehr sehen, denn das Glas wurde zu einem großen Teil überstrichen“, schildert er. Was man durch die Scheibe, die zu knapp zwei Dritteln mit weißer Farbe übermalt wurde, noch sieht, ist ein Ring. „An diesem konnte man im Brandfall ziehen. Es gab also einen Knopf, den man drücken, und einen Ring, an dem man ziehen konnte“, erklärt der gebürtige Hannoveraner.

Gebraucht wurde der Rauchmelder allerdings nie, denn „im Rathaus hat es nie gebrannt, außer bei den Luftangriffen im Zweiten Weltkrieg“, sagt Eichstaedt. Und da war ohnehin alles in Alarmbereitschaft, da bedurfte es keines Brandmelders mehr.

„Heute“, betont er, „ist das Rathaus in Sachen Brandschutz auf dem neuesten Stand, überall gibt es Rauchmelder und Brandschutztüren.“ Besonders viele befinden sich im Turm, „denn da ist ja alles aus Holz, da ist die Brandgefahr besonders hoch.“ Diese neuen Feuermelder haben Klaus Eichstaedt manch schlaflose Nacht beschert: „Als sie frisch eingebaut waren, bin ich alle zwei Stunden aufgewacht, weil der Alarm losging“, erinnert sich der einstige Hausmeister, der damals noch im Rathaus wohnte. Alarm gab es aber nicht, weil es brannte: „Es reichte schon, wenn eine Taube durchflog!“ Man habe das System dann dahingehend geändert, dass erst dann Alarm ausgelöst wird, wenn zwei Rauchmelder anschlagen. Klaus Eichstaedt konnte fortan in Ruhe schlafen. Und inzwischen, im Ruhestand, kann er das sowieso. Wie auch der kleine Feuermelder neben den Aufzügen. Denn der ist ja schließlich auch im Ruhestand.

„Das ist ein alter Feuermelder. Er sollte eigentlich ins Museum der Feuerwehr wandern, aber wir haben uns dagegen gewehrt, aus historischen Gründen wollten wir ihn hierbehalten.“

Eva-Maria Bast

So geht’s zum Feuermelder:

Der alte Brandmelder befindet sich im Neuen Rathaus vom Haupteingang aus auf der rechten Seite neben den Fahrstühlen. Das Rathaus steht am Trammplatz 2.

Jochen Winkler hat auf einem der Krokodile Platz genommen.

02

Krokodile

Wenn Kunst vom Scheitern kündet

Krokodile in Hannover? Im Zoo gibt's keine. Im Maschsee höchstwahrscheinlich auch nicht. Umso überraschter ist der Passant, der im Stadtteil Bult die Lindemannallee entlangschlendert und völlig unerwartet im Vorgarten eines zehnstöckigen Plattenbaus zwei steinerne Krokodile von etwa drei Metern Länge entdeckt. Und während man verwundert innehält, fällt der Blick auf weitere Eigentümlichkeiten: Rechts auf dem Rasen sind dicke, abgebrochene Säulen, wie von einem Tempel, zu einem Haufen arrangiert, weiter hinten steht ein Sockel für ein Standbild, jedoch ohne dieses, und auf dem Dach hat jemand in regelmäßigen Abständen historisch wirkende Vasen und Putten aufgestellt. Das ganze Gelände ist voll von steinernen Artefakten. Die ästhetische Diskrepanz zwischen dem schmucklosen Mietshaus für 80 Parteien und den alten Kunstwerken ist irritierend. Das fand auch Hobbyhistoriker Jochen Winkler, als er vor Jahren die beiden Reptilien entdeckte. Er begann, über die Herkunft der Tiere nachzuforschen.

Zunächst stieß er bei seinen Recherchen auf den Eigentümer der Mietwohnungen, Erich Cordes. Bekannt ist über diesen Mann nicht viel, nur, dass er das Gebäude selbst bewohnte und in den frühen 70er-Jahren begann, regelmäßig Kunst zu erwerben. Ein langjähriger Bewohner, der seinen Namen nicht gedruckt sehen möchte, erzählt: „Manchmal kam man abends nach Hause, und schon wieder lag was Neues rum." Erich Cordes, das fand Jochen Winkler schnell heraus, hatte die Krokodile bei der Erbin eines Mannes namens Georg Greiser aus dessen Kunstsammlung erworben. „Und dieser", meint Winkler, „ist die eigentlich interessante Figur in der Geschichte."

„Georg Greiser ist die eigentlich interessante Figur in der Geschichte."

Georg Greiser (1875–1965) war ein hannoverscher Unternehmer, der hauptsächlich im Bereich der Erdölgewinnung und -raffinerie tätig war. Er wohnte im Umland von Hannover, erst in Dollbergen und dann in Uetze. Greiser war ein Pionier in Sachen Gartenbau; er betrieb ökologische Landwirtschaft, bevor es diesen Begriff überhaupt gab. „Ein früher Grüner!", sagt Jochen Winkler. „Einer, der bereits über die Nutzung von Sonnenenergie nachgedacht und seinen Garten nach den neuesten Erkenntnissen gestaltet hat." Aber nicht nur nützlich sollten seine Grundstücke sein, sondern auch schön, und so kaufte Georg Greiser Skulpturen. Im Falle der Krokodile allerdings erwarb er zunächst nur die Entwürfe und ließ die Kriechtiere auf seinem Grundstück in Dollbergen herstellen. Sie waren nämlich, und das ist das Erstaunliche an der Geschichte, für den 1936 angelegten Maschsee gedacht. Die Stadt Hannover hatte für einige markante Stellen am Seeufer Ausschreibungen gemacht und in einer Art Ideenwettbewerb die ihr genehmsten Kunstwerke ausgewählt. Im vorliegenden Falle gewann nicht der Bildhauer Peter Schumacher mit seinen Krokodilen, sondern der renommiertere Arno Breker (1900–1991) mit seinen stilisierten Löwen. Die stehen jetzt an der bekannten Löwenbastion, die offenbar um ein Haar Krokodilbastion geheißen hätte.

Georg Greiser gefielen die Reptilien aber, und so beauftragte er Schumacher, die steinernen Tiere für ihn herzustellen. Nach Greisers Tod verkaufte seine Erbin die Tierchen 1965 an den Immobilienbesitzer Erich Cordes, der sie vor sein Hochhaus in der Lindemannallee setzen ließ.

Auf ähnlichem Wege kam ein Reiterstandbild dort hin: Cordes kaufte aus Greisers Nachlass eine Kopie des weltberühmten Reiterstandbilds des Bartolomeo Colleoni (1400–1475) aus Venedig. Bis 2009 stand der stolze Reiter in der Lindemannallee, bis endoskopische Untersuchungen ergaben, dass die Skulptur stark korrodiert war. Die Erbin, Künstlerin Franziska Cordes, entschied sich, die Figur nicht zu sanieren, sondern als Kunstaktion vom Sockel zu stürzen. So liegt er nun in irgendeinem Lager in Berlin, während der Sockel noch dasteht, als sei nichts geschehen.

Vom Sockel gestoßen: Das Reiterstandbild wurde 2009 entfernt.

Beide Kunstobjekte, die Krokodile und der Sockel des Denkmals, haben also ein eher trauriges Schicksal – die Krokos durften nicht am Maschsee stehen, und der Sockel wird wohl nie wieder ein Denkmal tragen. Fast noch trauriger mutet aber die Geschichte der großen Säulen im vorderen Teil des Gartens an: Sie stammen von der 1896 am Goetheplatz errichteten Garnisonkirche. Diese hatte den Krieg überstanden und musste 1960 einem Neubau des angrenzenden Friederikenstifts weichen. Eines von vielen Beispielen dafür, wie in der ohnehin so stark zerstörten Stadt auch Jahre nach Kriegsende noch bedenkenlos Baudenkmäler zugunsten moderner Stadtplanung beseitigt wurden. Aber das ist eine andere, komplizierte Geschichte. „Da kann man Stunden drüber diskutieren", sagt Jochen Winkler und ist froh, dass heute das Interesse am Erhalt historischer Gebäude größer ist. Wenn auch nicht alle steinernen Zeitzeugen die Aufmerksamkeit bekommen, die sie verdient hätten – so wie die beiden Krokodile in der Lindemannallee.

Ekkehard Oehler-Austin

So geht's zu den Krokodilen:

Sie liegen vor dem Haus Lindemannallee 19.

Hexa- und Pentagramm

Architektur, die sich auf Sternen gründet

Wie können zwei riesige Sechssterne, die spätestens seit dem Dritten Reich mit dem Davidstern, dem Symbol des Judentums, assoziiert werden, das nationalsozialistische Regime überstehen? Diese Frage stellt sich, wenn man die beiden Hexagramme entdeckt. Sie befinden sich, wie auch ein Pentagramm, also ein Fünfstern, am Turm der Marktkirche. Der hannoversche Historiker Peter Schulze bestätigt, dass die Nationalsozialisten die Beseitigung der Hexagramme am Turm der Marktkirche forderten – mit der Begründung, es handele sich um verbotene freimaurerische Symbole. Dagegen habe der damalige Stadtarchivdirektor die Bauzeichen als „baukünstlerische Motive", als „Architektenkunststück" gedeutet. Der Baumeister der Marktkirche habe „dokumentieren wollen, daß er die Geheimnisse seiner Kunst beherrsche". Peter Schulze betont, dass es keine Verbindung zwischen den Bauzeichen am Turm der Marktkirche und der jüdischen Gemeinde in Hannover gebe.

Dieses Rätsel wäre also gelöst. Weitaus länger ist die Geschichte des Pentagramms, des Fünfsterns, an der Marktkirche: „Das Pentagramm ist das Christuszeichen – durch die Zahl Fünf. Jesus Christus hat uns durch seine fünf Wunden erlöst, zwei an den Händen, zwei an den Füßen und eine in der Seite", erklärt Marion Wrede, die in der Marktkirche als Kirchenpädagogin arbeitet und sich ausführlich mit der Geschichte des Gotteshauses befasst hat. So weit, so logisch. Doch es geht noch weiter: Die ganze Marktkirche ist auf diese Fünfheit hin ausgerichtet. „Die Leute wollten mit der Kirche ein Erlösungszeichen bauen", sagt die Kirchenpädagogin. „Wir haben fünf Joche. Wir haben fünf Fenster auf jeder Seite und fünf Fenster im Chorraum. Der Altar zeigt jeweils fünf Bilder in einer Reihe." Hinzu kommt, dass die Marktkirche ursprünglich fünf Ein- und Ausgänge hatte: den Haupteingang und zwei Eingänge auf jeder Seite. „Einer ist nach dem Zweiten Weltkrieg zugemauert worden, weil die Orgel dort hinsollte", erläutert Marion Wrede.

Warum befinden sich am Turm der Marktkirche Hexagramm und Pentagramm? Die Erklärung ist verblüffend.

Die Fünf als sinnstiftende Zahl also. „Zu der Zeit, als die Kirche erbaut wurde, im 14. Jahrhundert, dachte man, wenn etwas Schlimmes passierte, das sei die Strafe Gottes." Von diesen Sünden, hätten die Menschen erlöst werden wollen. „Jesus Christus hat uns durch die fünf Wunden erlöst. Ich vermute, dass die Menschen des Mittelalters dem Kirchenbau deshalb die Zahl Fünf zu Grunde legten", führt Marion Wrede aus.

Das ist ja an sich schon faszinierend genug. Nun hat diese Erklärung den Hannoveraner Frank Pape aber nicht zufrieden gestellt, wie er in seinem Aufsatz „Grundanalyse der Marktkirche" schreibt: „Es konnte noch mehr dahinterstecken. Möglicherweise integrierte der Baumeister diese geometrischen Figuren in der Grundrißkonstruktion, um deren mystische Konstruktion architektonisch umzusetzen." Er versuchte herauszubekommen, ob diese Vermutung zutreffen könnte. „Da nirgends ein maßgetreuer Grundriß in der gewünschten Genauigkeit vorhanden war, mußte ich mit dem Maßband (...) den Grundriß der Kirche komplett selbst aufmessen und -zeichnen." Die Mühe hat sich gelohnt: „Der Fünfstern liegt der gesamten Architektur der Marktkirche zugrunde", erzählt Marion Wrede. „Würde man das Pentagramm vom Turm herunternehmen und mit der Spitze in den Altarraum legen, würde es exakt den Altarraum ausfüllen. Genau in der Größe, in der es auch am Turm zu sehen ist." Die Kirchenpädagogin fährt fort: „Und wenn man die Linien des Pentagramms verlängert, landet man an ganz wichtigen Punkten der Kirche, wie zum Beispiel den Stützmauern im Chor. Und das im 14. Jahrhundert", sagt sie voll Bewunderung für die damaligen Baumeister. „Man muss sich ja vorstellen, die hatten früher kein Winkelmaß und keinen Zollstock. Sondern sie haben konstruiert, indem sie Pflöcke in den Boden steckten und Schnüre spannten von einem Pflock zum anderen. Alles anhand des Stadtmaßes, jede Stadt hatte ja ein eigenes Maß." Was das in Hannover für eine Maßeinheit war – auch das hat Frank Pape ermittelt: Ein „hannoverscher Fuß" habe 29,2 Zentimeter gehabt.

„Der Fünfstern liegt der gesamten Architektur der Marktkirche zugrunde."

Zurück zum Grundriss: Frank Pape schreibt, dass alle drei Chorabschlüsse, also der Mittelchor und die beiden Seitenchöre, „auf dem

Grundriß eines regelmäßigen Zehnecks errichtet" wurden, „dessen genaue Konstruktion aber erst seit Albrecht Dürer (16. Jhd.) bekannt war". Anhand der Fluchtlinien habe man nun „die Ausrichtung der inneren Strebepfeiler des Mittelchors" erhalten. Nicht nur der Fünfstern ist als geometrische Form verbaut. Gleiches gilt für das Quadrat. Und für den Sechsstern. „Im Grundriß bestimmt dieser die Breite und Lage der Eingangshalle (...) sowie die Breite des Eingangsportals", erklärt Pape. Das Ergebnis seiner Untersuchung weise darauf hin, „daß der Baumeister der Marktkirche offensichtlich Glieder seiner Grundrißgeometrie, die auch gleichzeitig mit mystischer Bedeutung besetzt sind, für jeden sichtbar in den Turmgiebeln verewigt hat".

Sterne an der Marktkirche.

Manch einer, sagt Marion Wrede, spräche sie auch auf das Pentagramm an – weil es auf dem Kopf steht. „Mich hat mal einer ganz aufgeregt angerufen und gesagt: ‚Das müssen Sie doch wegmachen, das geht doch nicht. Das ist doch das Satanszeichen'." Dann jedoch habe er entdeckt, dass sich das Kreuz darüber befindet und habe sich beruhigt und gemeint, dann seien wir ja doch gesegnet, schmunzelt Wrede. Stadtsuperintendent Wolfgang Puschmann schreibt dazu in einem Gemeindebrief, dass das Symbol „in vormittelalterlichen Zeiten" zwar ein „Unheil abwehrendes Zeichen" gewesen sei, dass es jedoch „zur Bauzeit des Turmes zum christlichen Erlösungssymbol unter dem Kreuz geworden" ist. Denn das, erinnert Puschmann, sei eine Zeit gewesen, „als die Stadt in sechs Monaten 3000 Tote beklagen musste, die durch die Drei-Tages-Pest dahingerafft wurden". Zum Zeichen von Hexerei, Dämonie und Zauberkunst sei es erst sehr viel später geworden. „Die Vorstellung, ein auf die Spitze gestelltes Pentagramm deute den hörnerbewehrten Kopf des Teufels an", gehöre in eine Zeit, „in der Zeichen der Abwehr zu Zeichen der Beschwörung" wurden. Außerdem weise das Pentagramm nach Osten und „die Symbolik der Himmelsrichtungen" sei „wichtig in der Baukunst des Mittelalters. Dass ausgerechnet von Osten Unheil kommen werde, das mit dem Pentagramm abzuwehren wäre, macht keinen Sinn." In der Tat gilt in der Welt der mystischen Vorstellungen des Aberglaubens der Westen als die Himmelsrichtung des Dunklen, des Bösen, zumal hier auch die Sonne untergeht. Neidköpfe und Abwehrfratzen werden eigentlich immer in Richtung Westen angebracht – so auch diejenige am Alten Rathaus direkt neben der Marktkirche (siehe Geheimnis 42). Der Superintendent verweist im Gemeindebrief darauf, dass es aus der Zeit, in der der Turm gebaut wurde, noch ein Antependium aus dem Kloster Marienwerder gebe, das sich inzwischen im Kestner-Museum befinde. „Es illustriert die Erzählung der Verkündigung an Maria im Lukas-Evangelium. Von kleineren Sternen umgeben zeigt es 14 Pentagramme, eines davon, auf die Spitze gestellt (!), über dem Haupt Christi. Es kündigt den Messias an, seine Geburt und seine kommende Herrschaft – Zeichen des Menschensohns, des Herrn der Kirche."

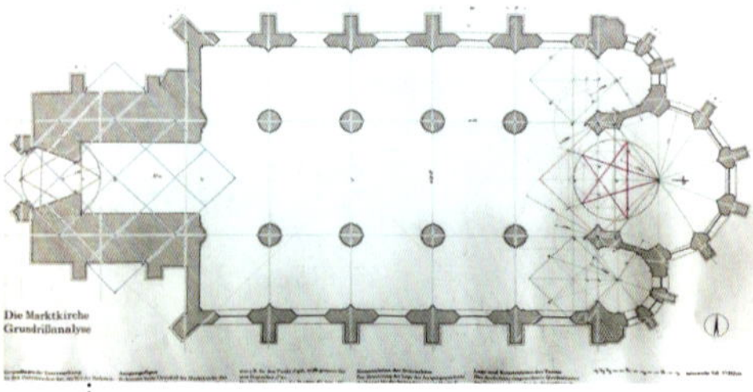

Der Marktkirchenarchitektur liegt der Fünfstern zugrunde. Im Bödekersaal ist der Grundriss ausgestellt.

Das ist sie, die fesselnde Geschichte der Sterne. Hätte der damalige Stadtarchivdirektor die geometrischen Formen nicht als „baukünstlerische Motive" und als „Architektenkunststück" bezeichnet, hätten die Nationalsozialisten vermutlich kurzen Prozess gemacht. Dann würden heute keine Sterne mehr an der Spitze der Marktkirche über Hannover stehen.

Eva-Maria Bast

So geht's zu den Sternen:

Das Pentagramm und die Hexagramme befinden sich am Turm der Marktkirche. Der Turm ist von vielen Stellen der Stadt aus zu sehen. Die Marktkirche steht „Am Markte 9".

Eike Geffers und seine Frau Sheila vor ihrem Zuhause, dem katholischen Bahnhof.

04

Katholischer Bahnhof

Ein fester Halt für Zuwanderer

Einen katholischen Bahnhof? Gibt es nicht? Gibt es doch. Und zwar im hannoverschen Stadtteil Linden. Aber warum? Ist er ausschließlich Reisenden katholischen Glaubens vorbehalten? Mitnichten! Es halten nicht einmal mehr Züge dort. Oder besser: Es hielten hier zu keiner Zeit irgendwelche Züge, es führen nicht einmal Gleise zum „Katholischen Bahnhof". Um zu erklären, wie das Gebäude zu seinem kuriosen Namen kam, muss etwas weiter ausgeholt werden.

Wenn man über hannoversche Geschichte schreibt, muss man immer bedenken, dass hier noch in ungewöhnlich starkem Maße eine Stadtteilkultur gepflegt wird, die es schwierig macht, Stadtgeschichte als etwas Übergreifendes zu erzählen.

Nehmen wir zum Beispiel Linden: Einst mit rund 80.000 Einwohnern das größte Dorf Preußens, bekam der Ort 1880 endlich Stadtrecht, um dann, nach erbitterten Diskussionen über das Für und Wider, 1920 eingemeindet zu werden. Heute hat der Wahlbezirk Linden-Limmer immerhin noch 44.000 Einwohner und versteht es nach wie vor, sich stolz von Hannover abzugrenzen. Das ehemalige Arbeiterviertel, das sukzessive von Migranten und Studenten erobert wurde, die teilweise zu Besserverdienern geworden sind und trotzdem bleiben wollen, lebt seit jeher im Spannungsfeld dieser sozialen Gegensätze. Und vielleicht kommt daher die Lindener Toleranz, die immer wieder auf die Probe gestellt wurde, aber nie verschwand.

„Alteingesessene Lindener können sich noch an die Gaststätte ‚Konkordia' erinnern, die hier nach dem Ersten Weltkrieg war."

Ein seltsames Gebäude im Hinterhof des Blocks an Dieckborn-, Konkordia-, Nieschlag- und Rampenstraße kann davon Zeugnis ablegen. Es hat mehrere Namen, aber keinen offiziellen; am bekanntesten ist es wohl unter dem Namen, der so kurios scheint: „Katholischer Bahnhof Linden".

In diesem schmucken Jugendstil-Saalbau aus dem Jahr 1904 war der Katholische Arbeiterverein Linden ansässig, ein frühes Beispiel migrantischer Interessenvertretung. Die zahlreichen Gastarbeiter aus dem katholischen Eichsfeld, die als Arbeiter für die Textilfabriken nach Hannover – nein, nach Linden! – übersiedelten, hatten bereits 1874 ihre erste Kirche bekommen, St. Godehard an der Posthornstraße, und fanden nun sozialen Zusammenhalt im Katholischen Arbeiterverein. Dieser sollte nicht nur Anlaufpunkt für Gläubige sein, sondern auch einen Gegenpol zu den kirchenkritischen Gewerkschaften und Sozialdemokraten darstellen.

Heute allerdings wird das Vereinshaus von einem Sozialdemokraten bewohnt. Eike Geffers, Abgeordneter im Stadtbezirksrat, lebt und arbeitet mit seiner Frau in einem Drittel des Gebäudes und kennt dessen Geschichte. „Alteingesessene Lindener können sich noch an die Gaststätte ‚Konkordia' erinnern, die hier nach dem Ersten Weltkrieg war", berichtet er. „Nachdem die Kirche das Haus aufgegeben hatte, zog sie hier ein." Ein rege frequentiertes Lokal mit Kegelbahn scheint das gewesen zu sein, und nicht von bestem Leumund. Nach dem Zweiten Weltkrieg wurde der Saal, der auch eine Theaterbühne besitzt, außerdem kurzzeitig von einer hier gegründeten Schauspielschule genutzt, die dann in den Ricklinger Edelhof abwanderte. Später waren es wieder Arbeitsmigranten, die einzogen: Spanier bewirtschafteten ein Restaurant. In Linden findet sich noch heute eine der größten spanischen Gemeinden Deutschlands, was sich auch an der großen Anzahl guter spanischer Restaurants ablesen lässt. Aus dem Vereinshaus sind sie jedoch wieder ausgezogen, und die katholische Kirche hat es an den Architekten Gert Meinhof verkauft, der den Saal aufwendig umgebaut hat. Er hat Zwischenebenen und Decken eingezogen, Trennwände errichtet und so das Bewohnen durch mehrere Mietparteien ermöglicht. Einige Dachfenster lassen Licht ein, und Eike Geffers' Stadtplanungsbüro befindet sich unter neu eingebauten, grün angestrichenen Stahlträgern, die zu einer Art Schiffsbug zusammenlaufen. Auf einer nachträglich eingezogenen Zwischenebene können auf einer Leinwand Projekte präsentiert werden. „Innenarchitekten bringen es nicht über sich, Raum ungenutzt zu lassen", schmunzelt Eike Geffers und führt den Besucher auf die Dachterrasse. Von hier überblickt man die Lindener Hinterhöfe, wo noch etliche Handwerker zu finden sind. Ein Steinmetz werkelt hörbar herum, und nebenan ist leise Musik aus der Tanzschule zu hören, die sich im Obergeschoss einer Werkstatt angesiedelt hat. Nach dem Krieg und auch schon während dessen waren diese Hinterhöfe lebenswichtig für die Bevölkerung. Hier fand reger Schwarzmarkt statt, und mancher Artikel wurde sogar direkt als Tauschware hergestellt. Auch Hochbeete für Gemüse wurden angelegt. In den letzten Jahren haben die Kreativen die Höfe erobert. Tänzer, Glasbläser, Architekten, Softwareentwickler und Stadtplaner wie Eike Geffers genießen es, ruhig und doch zentral zu wohnen. Dies schürt neuerdings die Angst vor der sogenannten Gentrifizierung, der Vertreibung einkommensschwacher Schichten durch Aufwertung der Wohnbebauung. Eike Geffers winkt ab: „Man braucht ja die Investitionen in die Bausubstanz, sonst verfällt doch alles.“

Der „Katholische Bahnhof“ jedenfalls wäre ohne den Architekten, der ihn gekauft und umgebaut hat, wohl nicht in dem guten Zustand, in dem er sich jetzt befindet.

Woher stammt nun aber der seltsame Name „Katholischer Bahnhof“? Eine Version besagt, es sei dort aufgrund der großen Menge an Zuwanderern zugegangen wie auf dem sprichwörtlichen Bahnhof. Eike Geffers führt den Namen aber auf das Aussehen der Jugendstilhalle zurück, die mit dem geschwungenen Portal und den kräftigen Außenpfeilern tatsächlich an einen Bahnhof erinnert.

Schade, die Bebauung des Hinterhofs ist so dicht, dass man kaum Abstand von dem Gebäude gewinnen kann, um es einmal ganz auf sich wirken zu lassen. Der schmucke Bau hätte durchaus mehr Aufmerksamkeit verdient – auch wenn es, Eike Geffers und seinen Nachbarn zuliebe, nicht gleich zugehen sollte wie auf dem Bahnhof.

Ekkehard Oehler-Austin

So geht's zum Katholischen Bahnhof:

Das Arbeiterhaus steht im Hinterhof des Hauses Konkordiastraße 14b. Auch vom Hinterhof des Hauses Nieschlagstraße 10 kann man es sehen.

Für Herbert Schmalstieg ist dieser Ort ein ganz besonderer.

05

Eichen & Gedenkstein

Bäume für einen Heimatlosen

Alle Vögel sind schon da. Alle Vögel, alle. Sie sitzen in den großen Eichen auf dem alten Friedhof neben der Bothfelder Nicolaikirche und erfüllen die Luft mit ihrem Gesang. *Amsel, Drossel, Fink und Star:* Es ist, als sängen sie für den, der diese Zeilen einst dichtete. Für den, der Hannover, Bothfeld, so liebte und vertrieben wurde. Für den, dem man später die Eichen gepflanzt und einen Gedenkstein ins Gras gesetzt hat: August Heinrich Hoffmann (1798–1874), der sich, als Persiflage auf den Adel, nach seinem Geburtsort „von Fallersleben" nannte. Er ist der Mann, dessen

Texte wohl jeder deutsche Bürger schon einmal gesungen hat. Seien es die Kinderlieder. Oder das „Lied der Deutschen", das er 1841 dichtete – und das, seit es zur Nationalhymne wurde, eine wechselvolle Geschichte hatte.

Für Herbert Schmalstieg, der bis 2006 stolze 34 Jahre lang Oberbürgermeister der Landeshauptstadt war, ist die Nicolaikirche und der Platz, der sie umgibt, ein ganz besonderer Ort. Als Kind schon hat ihn der Kirchturm mit seinen 1,75 Meter dicken Mauern aus Raseneisenstein fasziniert. Die Eichen – drei in der Nähe der Gedenkplatte und eine vierte etwa 30 Meter entfernt – standen bereits, als der Schuljunge Herbert Schmalstieg zur Kirche ging. „Sie wurden 1941 aus Anlass des hundertjährigen Jubiläums der Entstehung der Deutschen Nationalhymne gepflanzt", erzählt er. „Damals wurde auch der Gedenkstein gesetzt." Dass Heinrich Hoffmann von Fallersleben eine Verbindung zu Bothfeld hat, sei weitgehend in Vergessenheit geraten, sagt Herbert Schmalstieg.

Die Gedenkplatte – im Halbschatten der Eichen.

Hoffmann von Fallersleben kommt 1836 zum ersten Mal nach Bothfeld. Seine Schwester Auguste Dorothea will er besuchen, die mit dem Pastor Hermann Christian Friedrich zum Berge verheiratet ist. Hoffmann von Fallersleben ist damals ein angesehener Mann, ein bekannter Dichter, seit 1835 ordentlicher Professor für deutsche Sprache und Literatur an der Universität Breslau in der preußischen Provinz Schlesien. Das ändert sich 1840/41, als seine „Unpolitischen Lieder" erscheinen. Denn die, erzählt Herbert Schmalstieg, sind ganz und gar nicht unpolitisch, sondern kritisieren scharf die Politik jener Zeit, also den Adel und die Fürstenherrschaft. Wie viele Bürger fühlt sich der Gelehrte von ihnen in seinen liberalen Bestrebungen unterdrückt. Er tritt für mehr bürgerliche Freiheiten und ein einheitliches Deutschland ein, was die Preußische Regierung gar nicht gern sieht. Man wirft ihm „politisch anstößige Grundsätze und Tendenzen“ vor, entzieht ihm 1843 die preußische Staatsbürgerschaft, weist ihn aus: An der Universität Breslau darf er nicht mehr lehren. Er zieht durch Deutschland, findet hier Unterschlupf, dann dort, wird verfolgt, immer wieder ausgewiesen, 39 Mal insgesamt. „Auch Hannover hat ihm das Domizilrecht entzogen“, sagt Herbert Schmalstieg. Doch 1849 kommt er trotzdem, um Schwester und Schwager mitzuteilen, dass er deren Tochter, seine Nichte Ida zum Berge, zu ehelichen gedenkt. Sie ist 18, er 51. Begeistert sind die Eltern nicht, doch die Ehe wird glücklich.

Aber der Reihe nach: Die Zeiten, die als „Vormärz“ in die Geschichte eingehen werden, sind unruhig, die Bevölkerung bäumt sich gegen die spätabsolutistisch herrschenden Fürsten auf. Die Bürger wollen mitwirken, wollen ihre Meinung frei äußern dürfen. Und auch Preußen hatte ja 1815, als der Deutsche Bund gegründet wurde, versprochen, dass es eine „landständische Verfassung“ geben werde. Das Königreich Hannover hatte 1833 eine Verfassung bekommen – doch die wurde 1837 durch König Ernst August (1771–1851) wieder aufgehoben (siehe Geheimnis 17).

All das bricht sich in der Märzrevolution von 1848 Bahn, die auch vor Hannovers Toren nicht Halt macht. Am 28. Februar hört man von der Ausrufung der Republik in Frankreich, was, wie Klaus Mlynek und Waldemar R. Röhrbein in ihrer „Geschichte der Stadt Hannover“ schrieben, für „ungeheures Aufsehen“ sorgt.

Die Bewegung in Hannover wartet nicht lange: Am 3. März stellt sie ihre Forderungen an den König, die unter anderem eine Aufhebung der Zensur vorsehen. Außerdem soll eine allgemeine Volksvertretung beim Deutschen Bund eingerichtet werden. Ernst August macht Zugeständnisse, aber zu wenige, die Lage heizt sich, angestachelt von den revolutionären Ereignissen in ganz Deutschland, immer weiter auf. 2000 Menschen marschieren zum Leineschloss, wo eine Delegation dem König zwölf Forderungen des Volkes überreicht. Ernst August gibt nach, begreift, dass er sich dem nicht einfach hätte verweigern können. Die Aufständischen erreichen die Aufhebung der Zensur, die Amnestie für politische Gefangene, die Koalitionsfreiheit. Mlynek und

Röhrbein berichten, dass der König „am 20. März, am gleichen Tag, als in Hannover erstmals schwarz-rot-goldene Fahnen und Kokarden auftauchten" das Kabinett entließ „und (...) es zwei Tage später durch ein gemäßigt liberales Ministerium unter Graf Alexander von Bennigsen (ersetzte), in dem der bisherige Oppositionsführer Stüve als Innenminister die dominierende Persönlichkeit war."

In den deutschen Fürstentümern regieren nun bürgerliche „Märzministerien". Anfangs sind die Aufständischen erfolgreich, doch dann gelingt es den Fürsten, ihre Macht wieder zu mehren. Die „Freiheiten und Veränderungen, die das Ministerium Bennigsen-Stüve im März 1848 der Krone abgerungen hatte, wurden nach und nach abgebaut und die alten Zustände wiederhergestellt", schreibt Wilhelm Winkel in einer Abhandlung über Hoffmann von Fallerslebens Beziehungen zu Bothfeld. Nun sind die Aufständischen, mit denen Heinrich Hoffmann von Fallersleben sympathisiert, im Visier des Innenministeriums. Wilhelm Winkel erklärt, dass der Dichter sich mit seinem Besuch bei der Verwandtschaft „in eine höchst gefährliche Lage begeben hatte". So steht es um ihn in *Hannover*.

„Sie wurden 1941 aus Anlass des hundertjährigen Jubiläums der Entstehung der Deutschen Nationalhymne gepflanzt. Damals wurde auch der Gedenkstein gesetzt."

Allerdings: Mit dem preußischen Amnestieerlaß vom 20. März 1848 ist Hoffmann von Fallersleben in *Preußen* rehabilitiert. Seine Majestät, König Friedrich Wilhelm IV. von Preußen (1795–1861), verkündet zwei Tage, nachdem in Berlin die Arbeiter und Bürger im Straßen- und Barrikadenkampf die Truppen des preußischen Königs besiegt haben, „daß Ich in Meinem Herzen vergeben und vergessen habe". Da er die „neu anbrechende große Zukunft Unseres Vaterlandes nicht durch schmerzliche Rückblicke getrübt wissen" wolle, verkünde er „Vergebung allen Denen, die wegen politischer oder durch die Presse verübten Vergehen und Verbrechen angeklagt oder verurtheilt worden sind."

Das ist der hoffnungsvolle Anfang der Märzrevolution, doch in der zweiten Hälfte des Jahres 1849 scheitert sie. Die von Hoffmann von Fallersleben so ersehnte und vielbesungene deutsche Einheit soll es vorerst nicht geben. Stattdessen werden die Revolutionäre nun gejagt und fortgeschickt.

Dieses Schicksal trifft auch Heinrich Hoffmann. Am 5. August 1853 wird er aus Hannover ausgewiesen. Er schreibt: „Und so war ich denn vertrieben / und der Heimat schnell entwandt; / Doch zum Trost ist mir geblieben / Noch mein großes Vaterland.“ Damit meint er das geeinte Deutschland, wie es den bürgerlichen Verfechtern des Nationalstaats vorschwebte, das aber in der Mitte des 19. Jahrhunderts aufgrund der Rivalität zwischen den führenden Staaten, Preußen und Österreich, noch nicht Wirklichkeit wurde.

Ein Versuch seinerseits, die Ausweisung rückgängig machen zu lassen, scheitert. Doch seine Frau führt den Kampf für ihn fort, schreibt an den hannoverschen Innenminister, er möge das Aufenthaltsverbot aufheben. Sie erhält keine Antwort, fährt selbst hin, bleibt beharrlich. Am 17. Juni 1858 sucht sie den zuständigen Minister auf, auf den sie großen Eindruck gemacht haben muss. Der Minister habe ihr mitgeteilt, so schreibt sie in einem Brief an ihren Mann, „Deine Zusammenkunft mit dem größten Oppositionsmitgliede der Regierung, Planck, hätte das damalige Ministerium sehr geärgert, es hätte ihnen sehr viel Mühe gekostet, Ruhe zu halten“. Ihr Besuch ist erfolgreich. Minister von Borries schreibt ihr am 17. Juli 1858, „daß, wenn zwar die wider Ihren Herrn Gemahl verfügte Maßregel nicht zurückgenommen ist (…) dennoch jene Verfügung eine Modification erlitten hat, indem ihm bis auf weiteres der Aufenthalt bei Ihrer Frau Mutter zum Besuche gestattet ist“.

Sofort macht Hoffmann von Fallersleben sich auf den Weg nach Bothfeld und trifft zwei Tage später ein. Doch wieder ist er unvorsichtig, wieder geht er seine Freunde, die Liberalen, besuchen. Eine Abmahnung flattert ins Haus, gegenüber ziehen zwei Landgendarmen ein. Der Dichter wird beobachtet, also bleibt er zu Hause und schreibt Kinderlieder: „Fränzchens Lieder“. Am 26. August kehrt das Ehepaar Hoffmann an seinen Wohnort in Weimar zurück. Zwei Jahre später, am 28. Oktober 1860, stirbt Ida im Kindbett.

81 Jahre danach, mitten im Zweiten Weltkrieg, pflanzt der Heimatbund Niedersachsen Eichen für Hoffmann von Fallersleben und setzt den Gedenkstein. Weil es 100 Jahre her ist, dass er das „Lied der

Deutschen" schrieb. Dass dieses allerdings einmal Nationalhymne werden sollte, hat Hoffmann von Fallersleben nicht mehr erfahren: Erst Reichspräsident Friedrich Ebert bestimmte es am Weimarer Verfassungstag 1922 dazu.

Was Hoffmann von Fallersleben im Wunsch nach einem geeinten – nicht in Kleinstaaten zersplitterten – Deutschland gedichtet hatte, deuteten die Nationalsozialisten in den Folgejahren im völkisch-nationalen Sinne. Denn als man die Eichen pflanzte, wurde, wie in der gesamten Zeit des Nationalsozialismus, nur die erste Strophe vom „Lied der Deutschen" gesungen: „Deutschland, Deutschland über alles, über alles in der Welt, (…)" Das passte besser zu den Absichten der Nationalsozialisten, die anschließend das Horst-Wessel-Lied anstimmten.

Die dritte Strophe sang man in der Bundesrepublik erst ab 1952: Bundespräsident Theodor Heuss (1884–1963) hatte, auf Bitten von Bundeskanzler Konrad Adenauer (1876–1967), wenn auch zögernd, zugestimmt, die dritte Strophe zur Nationalhymne zu machen. 1991 schrieb der damalige Bundespräsident Richard von Weizsäcker (1920–2015): „Die 3. Strophe des Hoffmann-Haydn'schen Liedes hat sich als Symbol bewährt. Sie wird im In- und Ausland gespielt, gesungen und geachtet. Sie bringt die Werte verbindlich zum Ausdruck, denen wir uns als Deutsche, als Europäer und als Teil der Völkergemeinschaft verpflichtet fühlen."

Und so wurde nach der Wiedervereinigung das „Lied der Deutschen" – genauer gesagt: nur dessen dritte Strophe („Einigkeit und Recht und Freiheit …") – zur Nationalhymne für Gesamtdeutschland.

August Heinrich Hoffmann aber, der sich „von Fallersleben" nannte, hat wohl nicht ahnen können, auf welch kontroverse Weise seine dichterischen Worte die wechselvolle Geschichte Deutschlands begleiten sollten.

Eva-Maria Bast

So geht's zu den Eichen:

Die Bäume, unter denen sich auch der Gedenkstein befindet, liegen auf der Südseite der Bothfelder Nicolaikirche. Die Kirche steht in der Sutelstraße 20.

Ralph Anthes kennt die Geschichte des Sieltürmchens.

06

Türmchen

Fisch dem Stadtrat!

Am Ufer der Leine gab es vor dem Krieg ein Areal, das gemeinhin etwas beschönigend „Klein Venedig" genannt wurde, weil es zwischen zwei Flussarmen lag. Heute schlängelt sich der Fluss fast unbemerkt die Culemannstraße entlang und unter der großen Kreuzung am Friederikenplatz hindurch, wo einst jene Insel war. Auffälliger als das Flüsschen ist hier ein ganz kleines achteckiges, mit spitzem Dach ausgestattetes Türmchen am Ufer. Es ist etwas über drei Meter hoch und trägt zwei kaum lesbare Steintafeln.

Sinn und Funktion sind zunächst einmal völlig schleierhaft. Ist das der Rest einer größeren Anlage? Oder vielleicht ein Denkmal?

Ralph Anthes, Hobbyhistoriker und Betreiber einer Website zur Stadtgeschichte, weiß mehr: „Das historisch wichtigere Element hier ist die Mauer, auf der das Türmchen steht." Tatsächlich: Unter dem Turm fasst eine alte Mauer das Flussufer ein. Sie ist so stark überwuchert, dass man sie nur wahrnimmt, wenn man sie gezielt sucht. „Die Mauer ist der Rest der Stadtbefestigung", erzählt Ralph Anthes. „Und das Türmchen war ein Teil davon."

Der Ratsfischteich mit den Bähren und Türmchen im Modell.

Für einen Stadtturm ist es allerdings etwas mickrig, sollte man meinen, aber eine Stadtbefestigung war nicht unbedingt nur eine Abwehrmauer gegen anstürmende Feinde, sondern konnte auch eine „Bähre", also Barriere, darstellen, die zum Beispiel Wasser abhielt. Und genau darum handelt es sich bei der Mauer: Sie ist eine Bähre, die die Leine in Zaum halten sollte.

An dieser speziellen Bähre verlief ein Stadtwall, an den heute der Straßenname „Friedrichswall" erinnert, und die Wassermenge im Stadtgraben davor musste reguliert werden. Die Leine ist ein kleiner, aber launischer Fluss, der für Überschwemmungen sorgen kann (siehe Geheimnis 40). Um den Zulauf des Leinewassers zu kontrollieren, baute man die Bähre als Siel, so wie man es noch heute aus Ostfriesland oder anderen tideabhängigen Gegenden kennt. Je ein Siel entstand am Graben links und rechts der Leine. Auf die Bähren setzte man je ein Sieltürmchen als Zierde und versah sie gelegentlich mit Hochwassermarken, und zwar auf der Tafel an der flusszugewandten Seite. Die älteste an unserem Türmchen stammt aus dem Jahr 1588.

Mit dem Ende der Stadtwälle, die abgetragen wurden, als sowohl die Grenzen der Stadt als auch die Art der Kriegsführung solche Barrieren überflüssig machten, schüttete man auch die Gräben zu. Und es verschwand noch mehr Wasser aus diesem Teil der Stadt. Ralph Anthes berichtet: „Hier, etwas südlich des Türmchens, befand sich eine Badeanstalt. 1829 wurde sie als „Russisches Dampfbad“ eröffnet und 1867 zum ersten Hallenbad der Stadt umgebaut. Zu Beginn des 20. Jahrhunderts wurde es aber wieder abgetragen, weil es baufällig war und das neue Goseriedebad 1905 eröffnet hatte. So richtig schlimm war jedoch erst die Abrissorgie nach dem Krieg!“ Abgerissen wurden nämlich im Zuge der städtebaulichen Maßnahmen in den 60er-Jahren auch das Friederikenschlösschen, das an der heutigen Kreuzung stand, und die Wasserkunst, ein architektonisch aufwendiges Versorgungsgebäude für Frischwasser. Und man schüttete gleich den ganzen westlichen Leinearm mit zu – Schluss war's mit „Klein-Venedig“.

„Hier, etwas südlich des Türmchens, befand sich eine Badeanstalt.“

Auf dem Modell „Hannover 1689“ im Lichthof des Neuen Rathauses kann man den Stadtgraben mit den Bähren – und den beiden Sieltürmchen – übrigens gut sehen.

Dasjenige Sieltürmchen, das heute noch erhalten ist, stand auf einer ganz besonderen Bähre: auf der nämlich, die den Ratsfischteich gegen Hochwasser schützt, damit die Ratsherren sich ihrer regelmäßigen Ration Fisch sicher sein konnten.

Dass dieses Relikt aber nur deshalb vom großen Abriss verschont und sogar in den 60er-Jahren renoviert wurde, weil es einmal über das leibliche Wohl der hohen Herren im Rathaus gewacht hat, ist eine augenzwinkernd vorgetragene Vermutung, die wohl ins Reich der Legenden gehört.

Ekkehard Oehler-Austin

So geht's zum Sieltürmchen:

Das Türmchen befindet sich zwischen Culemannstraße, Hannah-Arendt-Weg und Friedrichswall.

Pflasterkreis

Ein LKW stürzt in den Brunnen

Man kennt das ja von Kreuzungen: Da werden gerne mal Kreise mitten draufgesetzt. Bei großen Straßen entstehen so aus Kreuzungen Kreisverkehre. Aber auch in Fußgängerzonen, zum Beispiel am Hanns-Lilje-Platz, ist die Pflasterung dort, wo die Straßen aufeinandertreffen, rund aufgebracht. Und auf dem Holzmarkt gibt es ebenfalls eine kreisrunde Pflasterung – doch sie befindet sich keineswegs am Kreuzungspunkt mehrerer Straßen, sondern irgendwo zwischen dem prachtvollen Brunnen und der Straße, die zum Beginenturm führt. Um den Sinn dieser Aufpflasterung zu begreifen, muss man ein bisschen graben, der Sinn liegt buchstäblich tiefer. Und um die Geschichte zu erzählen, muss etwas weiter ausgeholt werden:

„Wie auf den Plätzen in mittelalterlichen Städten üblich, gab es auch auf dem Holzmarkt einen Brunnen", berichtet Stadtkenner Jürgen Veith. Irgendwann wurde der Brunnen zugeschüttet, „warum, weiß man heute nicht mehr". Aber dass es den Brunnen einst gegeben hatte, das wusste zumindest der Schmied, Ofen- und Kaminbauer Oscar Winter Ende des 19. Jahrhunderts noch. Winter, ein treuer Bürger seiner Stadt, ließ sich nicht lumpen und stiftete, als sein Unternehmen den 100. Geburtstag feierte, einen Brunnen. „Seine Firma befand sich dort, wo heute das Historische Museum ist", erklärt Jürgen Veith. Das heißt, er stellte den Brunnen, der ab 1896 plätscherte, direkt vor seine Firma, was sicherlich auch Werbezwecken diente. Dafür spricht auch die Tatsache, dass Oscar Winter, offenbar ein selbstbewusster Mann, sich auf dem reich verzierten Bauwerk selbst ein Bildnis setzen ließ: In der Mitte steht seine Skulptur, die ihn mit einem Merkurstab, dem Zeichen der Händler, zeigt. Bei der Figur, die heute auf dem Brunnen zu sehen ist, handelt es sich aber nicht mehr um das Original. „Im Zweiten Weltkrieg erging es dieser Bronzefigur wie vielen anderen, sie wurde eingeschmolzen, das Metall fand in der Rüstungsindustrie Ver-

Die kreisförmige Pflasterung gibt Rätsel auf. Doch Jürgen Veith kennt die Lösung.

wendung", berichtet Jürgen Veith. Doch nach dem Krieg sei bei der Tochter des Mannes, der die Figur einst geschaffen hatte – Karl Gundelach – ein kleines Modell der Figur gefunden worden. „Bildhauer Friedrich Adolf Sötebier fertigte nach diesem Vorbild eine neue Figur, die heute inmitten des Brunnens thront", sagt Jürgen Veith. Noch ein Detail am Rande: Am Brunnen befindet sich ein fugenlos geschmiedeter Ring, der Glück bringen und Wünsche wahr werden lassen soll – ihn zu berühren gilt als Muss für jedes hannoversche Brautpaar. Auch Mädchen und Damen jeden Alters bemühen den Wunschring nach Veiths Beobachtung. „Dabei sollte man die Augen schließen und den Wunsch auch niemandem verraten."

Und was ist nun mit dem aufgepflasterten Kreis? „Der Brunnen, den Oscar Winter gestiftet hatte, befand sich offenbar nicht exakt am gleichen Platz wie der mittelalterliche Brunnen", erklärt der Wahl-Hannoveraner. Vermutlich, überlegt er, habe man den exakten Standort nicht gekannt. Bis ins Jahr 1983. Da machte sich der einstige Standort gewaltig bemerkbar: „Bei den Bauarbeiten zur Neuerrichtung der Fassade des Leibnizhauses befuhr ein LKW den Holzmarkt, sackte plötzlich ein und blieb stecken." Der LKW-Fahrer fiel buchstäblich in den Brunnen, der Standort des alten Holzmarktbrunnens wurde so durch Zufall entdeckt. Oscar Winters Brunnen blieb, wo er war. Und um an den Standort des mittelalterlichen Brunnens zu erinnern, pflasterte man die Stelle, an der der Lastwagen eingebrochen war, kreisrund. Vorher wurde der Brunnenschacht freilich gesichert. Dass er einbrechen könnte, müsse man wohl kaum mehr befürchten, versichert Jürgen Veith augenzwinkernd. Und es sind auch immer wieder kleinere Transporter zu beobachten, die von ihren Fahrern hier kurzzeitig abgestellt werden. Wobei diesen vermutlich nicht klar ist, dass sie auf einem Brunnen parken. Sonst würden sie ihr Fahrzeug vielleicht doch ein paar Meter weiter vorrollen lassen. Sicher ist sicher!

Eva-Maria Bast

So geht's zum Pflasterkreis:

Die rund angeordneten Pflastersteine befinden sich vor dem Leibnizhaus. Das Leibnizhaus steht am Holzmarkt.

Überraschend und märchenhaft: die Ritterburg.

08

Burgruine

Der fünfte Herrenhäuser Garten

Hannovers Nordstadt ist studentisch geprägt. In vielen historischen Gebäuden sind Institute der Universität untergebracht, einiges ist neu gebaut, manches kreativ verändert, und so hat man sich an stilistische Vielfalt gewöhnt und schlendert gelassen durch die Gegend. Aber an der Ecke Herrenhäuser Kirchweg / An der Strangriede reibt sich doch so mancher Flaneur die Augen: Da steht eine Ritterburg! Sie ist zwar nicht besonders groß, sieht aber genau so aus, wie man sich die Ruine einer mittelalterlichen Burg vorstellt. Auch ein Turm mit Zinnen fehlt nicht.

Steht hier wirklich ein gut erhaltenes Zeugnis mittelalterlicher Geschichte, das in Vergessenheit geraten ist, weil es vom Glanz der nahen Herrenhäuser Gärten so stark überstrahlt wird?

Der Burgherr, der nicht gerne öffentlich auftritt, winkt ab: „Hier haben niemals Ritter gehaust. Auf dem Areal hinter dem Parkhaus war früher ein Stadtpark, und die Burgruine war ein Teil davon."

Parkhaus? Ja, und zwar nicht für Autos, sondern ein Haus im Park. Einem Park, den der Gartenbauprofessor Hubertus Fischer als fünften Herrenhäuser Garten bezeichnet. Das Parkhaus war eine beliebte Amüsierstätte. Es wurde für die Besucher der Herrenhäuser Gärten gebaut, die sich bei schlechtem Wetter oder aufkommender Müdigkeit ein wenig Unterhaltung im Trockenen gönnen wollten.

Das schmucke weiße Gebäude, 1875 gegründet und 1895 abgerissen und neu gebaut, steht an der Nienburger Straße und beherbergt heute, wie könnte es anders sein, ein Institut der Universität. Nur wenige Passanten wissen, dass es sich einst um ein Konzerthaus mit großem angrenzenden Park gehandelt hat. Ein Park, den der Konsul und Bankier Moritz Simon (1837–1905) anlegte, der 1890 das Parkhaus erworben hatte. In diesem Park ließ Simon ein Ensemble mittelalterlich wirkender Bauten errichten, unter anderem die künstliche Burgruine und eine „Hundinghütte" mit Baum in der Mitte, offenbar eine Anspielung auf die Hütte von Hunding im ersten Akt von Wagners Walküre. Moritz Simon war ein großer Verehrer des Komponisten Richard Wagner (1813–1883) – eine merkwürdig anmutende Vorliebe für einen überzeugten, praktizierenden Juden, denn Wagner war bekanntlich ein glühender Antisemit. Aber Simons Begeisterungsfähigkeit war ihm immer wieder Antrieb für große Taten. So gründete er Ende des 19. Jahrhunderts die Gartenbauschule in Ahlem, um jüdischen Zuwanderern aus dem Osten eine Berufsausbildung zu ermöglichen.

Seine Ritterburg ließ Simon außen reich verzieren: Reliefs von Rittern und Helmen prangen an der Fassade, und im Keller – er soll zeitweise als Bierausschank genutzt worden sein – gibt es tatsächlich einen Tunnel, der wie eine Tropfsteinhöhle oder Grotte gestaltet ist und von der Burg in den Park führte. Heute ist der Ausgang zum Park zugeschüttet, vom Burgkeller aus ist der Gang aber noch begehbar. Der Turm der Burg war ursprünglich noch fünf Meter höher, doch die Statik machte es nötig, das obere Element bald wieder abzunehmen. Im Schatten der Burg befand sich ein großer Bier- und Kaffeegarten, bei schlechtem Wetter konnte der Burgkeller samt Tunnel genutzt werden.

Die Burg hatte nach dem Tode Simons eine bewegte Geschichte: In den 1930er-Jahren gelangte sie in den Besitz der Familie Beindorff, Inhaber der Pelikan-Fabrik, die im Park ihr Wohnhaus – den späteren Georgenhof – errichtete, nach dem Zweiten Weltkrieg jedoch zeitweise auch in der Burgruine wohnen musste, weil die britische Militärverwaltung deren Villa belegte. Die Hundinghütte und alles andere war zerstört, auch das Parkhaus. Dieses wurde allerdings 1965 wiederaufgebaut, und es fanden eine Zeit lang wieder Tanzveranstaltungen statt. Seit den 20er-Jahren wurde das Gelände allerdings von Straßen durchschnitten und mit Wohnhäusern bebaut, sodass der Park-Charakter verloren ging. Später verpachtete man die Villa der Beindorffs und die Burgruine zur Nutzung als Hotel und Restaurant. Als der Betrieb Anfang der 2000er-Jahre aufgab und sich über längere Zeit kein neuer Pächter fand, schien das letzte Stündlein der Burg geschlagen zu haben. Schwamm und Schimmel hatten ihr arg zugesetzt, sodass ein Abriss nicht mehr ausgeschlossen war. Zum Glück interessierte sich ein Professor der Universität Hannover für die Burg und kaufte sie. Er und seine Frau renovierten 2009 bis 2011 die mittlerweile unter Denkmalschutz gestellte Burgruine. Hinter der Fassade der Burg befindet sich heute ein modern gestaltetes Einfamilienhaus. Es ist also nicht besonders rätselhaft oder glamourös, was sich hinter den Burgmauern versteckt, und doch zieht es die Leute magisch an: „Oft halten hier sogar Busse", schmunzeln die Burgherren.

Wenig glamourös war auch das Leben des Erbauers, Moritz Simon. Er lebte sehr sparsam und steckte sein Vermögen in soziale Projekte für Glaubensgenossen. Beigesetzt ist er auf dem jüdischen Friedhof an der Strangriede. Sein Andenken lebt vor allem in der „Israelitischen Gartenbauschule Ahlem" weiter – und in der merkwürdigen, kleinen Ritterburg in der Nordstadt.

Ekkehard Oehler-Austin

So geht's zur Burgruine:

Die Burg steht An der Strangriede 35.

09

Schutzsteine

Ein Berg und seine drei Geheimnisse

Wenn man diesen Ort betritt, wird man ganz still. Umgeben von vier Straßen und von Häusern, die teilweise mit Graffiti besprüht sind, erhebt sich zwischen mächtigen Sandsteinmauern ein Hügel. Uralte Grabsteine befinden sich darauf, nach oben hin stehen sie enger. Man kann die Steine von der Straße aus sehen, ebenso die mächtigen Bäume, die ihre Zweige schützend darüberbreiten. „Das ist der alte jüdische Friedhof", sagt Hans Werner Dannowski, der 18 Jahre lang Stadtsuperintendent in Hannover war. „Als ich ihn damals entdeckt habe, blieb mir fast das Herz stehen, so ergriffen war ich von der Stimmung dieses Ortes." Dieser älteste erhaltene jüdische Friedhof in ganz Norddeutschland birgt viele Geheimnisse. Die ersten beiden finden sich gleich an der Außenmauer neben dem Eingang. Hier steht, auf zwei steinernen Tafeln zu lesen, dass, „*WER IN KÜNFTY DIESELBE*", *also* „*DER JUDEN GRABSTADT*", „*(...) FIOLIBEN*", das heißt beschädigen, „*ODER MIT ABFÜHRUNG DES SANDES TURBIEREN WIRDT*", der werde „*OHN EINZIG AN SEHEN*" dem „*GNÄDIGSTEN LANDESFÜRSTEN IN SCHARFER STRAFE VERFALLEN SEIN*". Diese steinernen Tafeln sind Schutzsteine für den Friedhof mit seinen rund 700 Grabsteinen, der erst Mitte des 18. Jahrhunderts, 1740, mit der Mauer eingefasst wurde. Fuhrleute haben sich hier wohl des Öfteren an dem Sand bedient, aus dem der Berg besteht.

„Das ist der alte jüdische Friedhof. Als ich ihn damals entdeckt habe, blieb mir fast das Herz stehen, so ergriffen war ich von der Stimmung dieses Ortes."

Auch in der Zeit der Nationalsozialisten genoss der Friedhof einen gewissen Schutz. „Ein Anwohner hat mir erzählt, dass sich die Nazis hier nicht rangetraut haben, dem Friedhof ist in dieser Zeit nie etwas geschehen", sagt Dannowski. Dass der Eingang dennoch von einer schweren Eisenkette verschlossen ist, mag auch damit zu tun haben,

In tiefem Respekt legt der ehemalige Stadtsuperintendent Hans Werner Dannowski einen Stein auf das Grab des Rabbiners Isaak Selig Karo.

dass man den Toten ihre Ruhe lassen will. „Der Ort wäre nicht, was er ist, wenn hier zahlreiche Menschen spazieren gingen", ist Hans Werner Dannowski überzeugt.

Von der jüdischen Gemeinde hat er den Schlüssel bekommen, wir betreten den Friedhof. Schweigend und auch etwas unsicher. Stören wir? Unsere Schritte sind behutsamer, als sie noch zuvor gewesen sind, auf dem Weg vom Auto zum Friedhofstor. Dannowski bückt sich und hebt drei Steine auf. Die will er später nach jüdischer Tradition auf Grabsteinen niederlegen. Schweigend steigen wir bergan. Der Hügel ist steil, und in ihm liegt das zweite Geheimnis dieses Friedhofs verborgen. Denn, erzählt der langjährige Stadtsuperintendent, er ist nur so steil, weil die Mitglieder der jüdischen Gemeinde hier 300 Jahre lang ihre Toten bestattet haben. Übereinander gebettet, wieder Sand über die Gräber geschüttet. Ohnehin sei an diesem Ort ein kleiner Sandberg gewesen, der durch die Bestattungen aber deutlich erhöht wurde. Es ist ein eigentümliches Gefühl sich vorzustellen, dass der Hügel deshalb so hoch ist, weil dort Verstorbene ruhen. Wir kommen am ältesten Grabstein des Friedhofs vorbei, der ist von 1654 und hier ruht Salomon Gans. Bis 1864 nutzte die jüdische Gemeinde diese letzte Ruhestätte. Dann wurde der Friedhof an der Stangenriede in Betrieb genommen.

Schutzstein für den jüdischen Friedhof.

Immer noch schweigen wir. Unsere Augen wandern über die jahrhundertealten Inschriften der Steine. Hans Werner Dannwoski ist des Hebräischen mächtig. Aber was hier steht, kann er nicht entziffern. Je höher wir kommen, desto dichter werden die Grabsteine. Und wir mittendrin. „Man fühlt sich hier selbst wie ein Stein", sagt der evangelische Pastor und legt einen der kleinen Kiesel, die er zuvor aufgehoben hat, auf das Grabmal des polnischen Rabbiners Isaak Selig Karo. Es ist eine Geste tiefsten Respekts für diese andere Religion. Dannowski hat einmal geschrieben: „Gott ist so groß, dass er sich nie in einer Wahrheit fassen lässt. Nur in vielen, einander auch widersprechenden Wahrheiten kann man sich der Wahrheit Gottes nähern." Das hat er zu Papier gebracht, als er sich mit dem Talmud beschäftigte, einem der bedeutendsten Schriftstücke des Judentums, denn in der hannoverschen Bergstraße gab es eine berühmte Talmud-Schule, wie Dannowski erzählt, und der Mann, auf dessen Grabmal er den Stein legt, lehrte an dieser Schule. „Hier liegen Förderer der Schule, hier liegen Rabbiner, hier liegen Schüler", sagt er. Und hier liegen, das ist das dritte Geheimnis, die Vorfahren Heinrich Heines (1797–1856). Auch der älteste Grabstein auf dem Friedhof ist einem Vorfahr des Dichters gewidmet.

Ein besonderer Ort: der alte jüdische Friedhof.

Still sind wir den Hügel heraufgekommen, still steigen wir wieder hinunter. Ziehen das Tor hinter uns zu. Legen die Kette darum, schließen ab. Vier Mal prüft Dannowski, ob wir wirklich verschlossen haben. Das ist ihm wichtig. Wichtig, den Toten ihren Schutzraum zu lassen. Es fällt sein Blick auf das Schild „Am Judenkirchhof". So heißt die Straße seit 1845. Er schüttelt den Kopf. „Das widerspricht sich in sich", sagt er. Hat hier jemand nicht genau nachgedacht? Denn nur beim sehr oberflächlichen Hinsehen macht der Name Sinn: Schließlich befindet sich hier ein jüdischer Friedhof. Und Kirchhof ist das alte Wort für Friedhof, da die Verstorbenen im Mittelalter um Gotteshäuser herum bestattet wurden. Erst als mit Seuchen wie der Pest ein Bewusstsein für die Notwendigkeit der Hygiene einherging, verlegten viele Städte ihre Friedhöfe vor die Stadtmauern.

Nur war das Gotteshaus der Juden eben keine Kirche. Deswegen ist der Begriff „Am Judenkirchhof" einer, den es eigentlich gar nicht geben kann.

Dannowski reißt seinen Blick vom Schild los und wendet sich stattdessen dem Hügel zu. Die Sonne ist zwischen den Wolken hervorgekommen und taucht ihn in ein warmes Licht. „Dieser Ort", sagt Hans Werner Dannowski, „lässt mich jedes Mal ergriffen sein. Und überwältigt."

Eva-Maria Bast

So geht's zu den Schutzsteinen:

Die Schutzsteine befinden sich an der Außenmauer des Jüdischen Friedhofs neben dem Eingang. Der Friedhof liegt „Am Judenkirchhof".

10

Quellenstein

Als der Zar nach Bad Hannover reiste

Wir schreiben das Jahr 1838. König William IV. (1765–1837) ist vor einem Jahr ohne legitime Nachkommen gestorben. Die Folge: Hannovers König ist nun nicht mehr gleichzeitig König der Britischen Empires, sondern Hannover wird von König Ernst-August regiert. Doch gleitet es nicht in die Bedeutungslosigkeit ab, im Gegenteil: Im Sommer kündigt sich Zar Alexander II. von Russland (1818–1881) an, um nach der Besichtigung der Herrenhäuser Gärten in Bad Hannover einen Kuraufenthalt anzutreten.

Wie bitte? *Bad* Hannover, die Residenzstadt als *Kurort*? Natürlich nicht, aber ganz aus der Luft gegriffen ist die Geschichte nicht, die so oder so ähnlich – wohl zu Werbezwecken – Ende des 19. Jahrhunderts von Friedrich Wedekind erzählt wurde, der es beinahe geschafft hätte, Hannover auf diese Weise zum Kurort zu machen! Das einzige Zeugnis der Kuranlagen ist heute ein Stein, der auf einer Waldlichtung steht. Jürgen Meyer, der seit 2005 im Stadtteil Limmer wohnt, hat den Brocken auf einem Spaziergang entdeckt und sich gewundert. „Warum ist der Felsen hier hergebracht worden? Er ist nicht beschriftet, und da ist nichts Auffälliges in der Nähe, was sich zu markieren lohnt!" Meyer versuchte herauszufinden, warum dieser Stein dort steht. Als er die Lösung fand, staunte er nicht schlecht: Der Felsen markiert die Stelle, wo die Geschichte Limmers als international bekannter Badeort begann!

„Warum ist der Felsen hier hergebracht worden? Er ist nicht beschriftet, und da ist nichts Auffälliges in der Nähe, was sich zu markieren lohnt!"

Doch der Reihe nach. Am 15. September 1779 wollte der Botaniker Jakob Friedrich Ehrhart (1742–1795) an der Stelle, von der die Bauern erzählten, es sei dort nicht geheuer, seltene Sporenpflanzen finden. Die seltenen Sporenpflanzen fand er nicht. Aber er entdeckte eine Schwefelquelle. Nachdem er seinen Fund des heilkräftigen Was-

Jürgen Meyer an der Quelle: Unter diesem Stein fließt schwefelhaltiges Wasser.

sers, das da im Gehölz sprudelte, veröffentlicht hatte, ließen viele Kranke es sich in Flaschen gefüllt ans Krankenbett bringen. 1781 wurde die Quelle gefasst und die Anlage von da an ständig erweitert: Nach und nach entstanden Wannenbäder, ein Logierhaus und schließlich auch eine Gastwirtschaft, 1813 gar eine zweite, die einen Tanzsaal und eine Kegelbahn hatte. Das Geschäft brummte, und das Baden wurde nach und nach nur eine Aktivität unter vielen im beliebten Ausflugslokal Limmerbrunnen. Ein Badearzt war fest angestellt. Nach der Annexion des Königreichs Hannover durch Preußen 1866 durfte die Anlage sich „Preußisches Staatsbad" nennen! Und 1872 kaufte der langjährige Pächter, Landwirt Friedrich Wedekind aus Limmer, den Betrieb. Er ließ das Gebäude auf dem Grundstück „Zum Limmerbrunnen 11" abreißen und sich ein vornehmeres Haus bringen. Ja, bringen: Wedekind hat das Gartenhaus der Gräfin und Kammerfrau von Beckedorff auf sein Grundstück umsetzen lassen. Diese Villa Beckedorff war 1817 von Architekt Georg Ludwig Friedrich Laves (1788–1864) in der Jägerstraße 12a (Georgengarten) errichtet worden. Das schöne Gebäude gibt es immer noch; es steht unter Denkmalschutz. Auch die Pferdebahn, die eigens gebaut wurde, ist noch in Betrieb – allerdings elektrifiziert als Straßenbahn Linie 10. Noch vor der Ära Friedrich Wedekind fand auch der Besuch des Zaren statt. Allerdings war Alexander II. 1838 noch nicht gekrönt; bis 1855 regierte sein Vater, Nikolaus I. (1796–1855). Und der Zarewitsch scheint auch nicht eigens angereist zu sein, sondern hat wohl auf Reisen die Gelegenheit für eine Stippvisite genutzt. Die Geschichte vom Zaren im Heilbad Limmer hat Wedekind also etwas aufgebauscht.

Die Villa Beckedorf.

Allgemein verlor die Freizeiteinrichtung Limmerbrunnen immer mehr an Bedeutung, was den medizinischen Aspekt betraf, zu stark war die Konkurrenz aus Bad Nenndorf. Allerdings wurden im Jahre 1961, dem letzten Betriebsjahr der Bäder, immerhin noch beinahe 11.000 Badeanwendungen verabreicht – völlig nebensächlich war die Kur in Limmer also nicht geworden!

Nach dem Tod des letzten Eigentümers erwarb die Stadt die Anlage und stellte den Badebetrieb ein. Als Gaststätte erfreute sich der Limmerbrunnen aber weiter ungebrochener Beliebtheit. Schützenvereine richteten ihre Feiern hier aus, und es gab Tanz- und Theaterveranstaltungen. Begeistert berichtet Jürgen Meyer: „Heinz Erhardt hat hier erfolgreich mit ‚Charlys Tante' gastiert!" Auch politische Parteien tagten.

Dann kam am 23. August 1976 das Aus: Ein durch marode Elektrik ausgelöster Brand zerstörte das Kurbad vollständig. Die Stadt Hannover entschied, das Geld aus der Versicherungssumme lieber für den Wiederaufbau des im Krieg schwer beschädigten Lindener Rathauses zu verwenden. Sie ließ das Gelände von Trümmern räumen und das letzte unversehrte Gebäude abreißen.

Und deshalb sieht es am Limmerbrunnen wieder so aus, wie es 1779 ausgesehen haben mag, als ein Botaniker durchs Gehölz stapfte, um seltene Pflanzen zu finden. Die Natur hat sich die Fläche zurückerobert und nur ein unscheinbarer Stein, der die Quelle markieren soll, erinnert daran, dass hier einmal ein Kurzentrum von internationalem Ruf stand. Der Traum von „Bad Hannover" ist wohl erst einmal ausgeträumt.

Ekkehard Oehler-Austin

So geht's zum Quellstein:

Das Gelände liegt zwischen den Straßen Limmerbrunnen und Holzrehre. Der Stein steht im Wäldchen an der Sichelstraße.

Herbert Schmalstieg denkt schmunzelnd daran, wie er als Junge aus diesem Bachlauf eingefärbte Fußbälle fischte.

11

Tintengraben

Ein Bach, der Fußbälle färbt

Ein farbiger Fußball. Zigarettenduft. Die erste Schallplatte. Kekse. All das ließe sich anhand eines kleinen Baches erzählen, der zwischen den beiden Fußballplätzen im Stadtteil List verläuft. Oder besser: verlaufen sollte. Wir suchen ihn. „Irgendwo hier muss er sein", sagt Herbert Schmalstieg. Wir gehen zwischen den beiden Feldern der Fußballclubs HSC und SC Germania List hindurch. Eltern stehen am Rand. Als sie Herbert Schmalstieg sehen, lächeln sie. Man kennt ihn. Natürlich kennt man ihn, war er doch 34 Jahre lang Oberbürgermeister der Stadt. Schmalstieg lächelt ebenfalls, als er die Jungs auf dem Fußballfeld sieht. Hier hat er auch mal gespielt, bis zur B-Jugend. Mit Bällen, die immer wieder in eben jenen Bach fielen, nach dem wir jetzt suchen, und die danach rot, grün oder blau waren. Warum? Erzählen wir später. Erst einmal müssen wir den Bachlauf finden. Doch es ist nichts zu sehen. Bis zum Kanal gehen wir, in der Hoffnung, dort eine Einmündung zu entdecken. Vergebens. Wir sind enttäuscht, aber weit davon entfernt, aufzugeben.

Auf dem Weg zurück zum Auto überqueren wir die Constantinstraße dort, wo die großen Gebäude der Versicherung VHV stehen.

Herbert Schmalsieg geht über die Straße. „Na also", ruft er, „da ist er ja!" Tatsächlich: Zwar wurde der Graben auf der Seite der Sportplätze im Zuge der Neugestaltung wohl zugeschüttet. Aber hier gibt es ihn noch, wenn er auch kein Wasser mehr führt. Man kann ihn besonders gut sehen, weil er an die einstige Brücke anstößt. Schmunzelnd betrachtet der frühere OB das Bachbett, an das viele Kindheitserinnerungen geknüpft sind. „Damals", erzählt er, „gehörten die Sportplätze rechts und links vom Bach dem HSC. Und wenn wir kickten, fiel der Ball oft in den Bach." Dieser Bach war nicht irgendein Bach, sondern diente der Tintenfabrik Pelikan wohl auch dazu, das der jeweiligen Tintenproduktion entsprechend verfärbte Wasser in Richtung Kanal zu transportieren. So sei das Wasser mal rot, mal grün, mal blau und mal schwarz gewesen.

Die Farben- und Tintenfabrik wird 1838 von Chemiker Carl Hornemann (1811–1896) in Groß Munzel bei Hannover gegründet. Hornemann hat Ahnung von der Branche, ist sein Vater doch Besitzer eines Geschäftes für Künstlerbedarf. 1840 zieht er mit seinem Betrieb nach Hannover-Hainholz, in den ersten Jahrzehnten ist der Kampf hart, es gibt viel Konkurrenz aus dem Ausland. Doch Carl Hornemann ist überzeugt von seiner Geschäftsidee, durch Reisen versucht er, Kunden zu gewinnen. Ein fleißiger Mann, der obendrein politisch aktiv ist: Seit 1864 – da hat er etwa 20 Angestellte – gehört er dem Senat der Stadt Hannover an, nach der Annexion des Königreichs Hannover (1866) ist er ab 1870/71 Mitglied des preußischen Abgeordnetenhauses.
1871 verlässt er das Unternehmen, nun übernimmt Günther Wagner (1842–1930). Der ist Chemiker und war außerdem bisher Werksleiter, kennt das Unternehmen also gut. Er ist es auch, der 1878 den Pelikan als Markenzeichen einführt, das Wappentier seiner Familie.

Dem Handelsvertreter der Firma, Fritz Beindorff, gelingt es, Märkte in Südeuropa und auf dem Balkan zu erschließen, 1888 heiratet er Elisabeth, die Tochter seines Chefs, ab 1895 ist er alleiniger Inhaber des Unternehmens. Die Firma wächst, immer neue Produkte kommen hinzu. 1906 wird dann im heutigen Stadtteil List neu gebaut, Häuser mit prachtvollen Fassaden sind das, in Neobarock und Jugendstil, roter Backstein mit weißen Elementen. Die Produktionsbedingungen gelten als sozial und fortschrittlich, um die 1000 Arbeiter beschäftigt Pelikan nun.

Doch dann kommt der Erste Weltkrieg und versetzt dem Unternehmen einen schweren Schlag. Erst in den 1920er-Jahren geht es wieder aufwärts. 1939, kurz vor dem Beginn des Zweiten Weltkriegs, beschäftigt Pelikan rund 5000 Menschen. In den folgenden Kriegsjahren werden – wie überall, denn die Männer sind ja an der Front – zahlreiche Frauen in der Produktion eingesetzt, nach dem Krieg mausert sich Pelikan zu einem führenden Unternehmen seiner Branche.

Noch lange, bis 1994, stellt man in List her, dann wird die Produktion vollständig nach Peine-Vöhrum verlegt. Nun fließt kein farbiges Wasser mehr durch den Bach, das ganze Areal wird umgestaltet – und zwar zu einem Gebiet mit höchster Aufenthaltsqualität, wie Herbert Schmalstieg findet. Die Versicherung VHV und viele weitere Unternehmen lassen sich hier nieder, aus den ehemaligen Pelikan-Fabrikgebäuden werden hochwertige Wohnungen, es entstehen ein Restaurant und ein Hotel – ein Besuch lohnt! „Das hat hier wirklich Qualität und ist hoch begehrt“, versichert der einstige OB. „Zumal die Eilenriede ganz in der Nähe ist.“

Ja, es hat sich gewandelt, das Viertel seiner Kindheit. Herbert Schmalstieg mag es heute ebenso gerne wie damals, als es von der Industrie geprägt war. „Hier gab es nicht nur Pelikan“, erinnert er sich, „sondern auch die Reemtsma-Cigaretten-Fabrik, die Bahlsen-Keksfabrik und die Deutsche Grammophon, die auch die erste Schallplatte der Welt herstellte.“ Als Kind habe er, der in der Klopstockstraße quasi zwischen den Fabriken aufwuchs, immer gewusst, woher der Wind weht. „Kam der Wind von Süden, roch es nach Schellack, das war von der Grammophon. Kam der Wind vom Norden, roch es nach Tabak, und wenn er vom Westen kam, roch es nach Tinte.“ Nur nach Keksen roch es nie. Die Firma Bahlsen war dann doch zu weit weg. Herbert Schmalstieg störte das nicht. Denn die Kekse hat er als Kind ohnehin lieber gegessen als gerochen.

Eva-Maria Bast

So geht's zum Tintengraben:

Die Reste des Tintengrabens finden sich an der Constantinstraße an dem kleinen Brückengeländer in der Nähe der VHV-Gebäude. Gegenüber liegen die Sportplätze.

Constantin Alexander am Fuße des Hügels. Er weiß, wohin der Weg führt, der sich den Hügel hinaufzieht.

12

Kleiner Hügel

Die Geisterstadt Ihme-Zentrum

Unter Einheimischen wie unter Gästen des Stadtteils Linden hat sich in den vergangenen Jahren eine Freizeitaktivität etabliert, die mit dem griffigen Namen „Limmern" belegt wurde: Wann immer das Wetter es zulässt, flaniert man nach Feierabend über die Limmerstraße und lässt sich dann und wann mit einer Flasche Herrenhäuser Pils an einem lauschigen Plätzchen nieder. In einem Stadtteil wie Linden versteht es sich fast von selbst, dass man dabei allerlei merkwürdige Dinge sieht – und sie natürlich auch gleich ausführlich bespricht. Eine Kuriosität allerdings ist so sehr ins gewohnte Straßenbild integriert, dass sie nur Neubürgern und Gästen noch auffällt: Ganz am Beginn der Limmerstraße erhebt sich auf der rechten Straßenseite ein Hügel. Er ist etwa vier Meter hoch und mit Rasen bewachsen. Es könnte sich um einen nicht entsorgten Schutthaufen handeln. Allerdings führt ein sorgfältig gepflasterter Weg auf den Hügel. Wo der endet, ist von unten nicht zu sehen. Also hinauf und nachsehen! Seltsam – der Weg knickt vor einem Geländer ab und mündet in eine Treppe, die wieder hinabführt. Wie ein Schildbürgerstreich mutet der Hügel mit dem Weg an. Oder ist das Kunst? Weder noch, weiß Constantin Alexander, Journalist und Nachhaltigkeitsberater, ein überzeugter Bewohner des Ihme-Zentrums. Der Hügel ermöglichte einst den Zugang zum Ihme-Zentrum von der Limmerstraße aus. Von ihm spannte sich bis zum Abriss 2008 eine Brücke über die Straßenkreuzung am Küchengarten bis zum ersten Stock am Nordende des Gebäudes. Dass der Zugang zum Ihme-Zentrum über Rolltreppen und Brücken erfolgte, lag daran, dass die Ladenpassage, Schlagader des Komplexes, im ersten Stock lag. „Und da", sagt Constantin Alexander, „haben wir schon einen der kardinalen Planungsfehler, der zum Niedergang des Projektes beitrug."

Hier befand sich einst das Schwimmbad, weiß Constantin Alexander.

Aber der Reihe nach. Die Geschichte des Ihme-Zentrums beginnt erfolgversprechend. Um die Innenstadt zu entlasten und dringend benötigten Wohnraum zu schaffen, wird im Rathaus beschlossen, auf dem Gelände der abgerissenen Weberei an der Ihme eine „Stadt in der Stadt" zu bauen. Es entstehen zwei 20-stöckige Türme und etliche mindestens fünfstöckige Gebäude, die Platz für 860 Wohnungen, ein Studentenwohnheim, Parkgaragen und eine große Ladenpassage bieten. 1975 wird das Bauwerk eingeweiht, und zunächst sieht alles nach einem Erfolg aus. Die Wohnungen sind alle verkauft, und große Handelsketten sowie regionale Anbieter mieten sich in die Ladenpassage ein. Doch dann zeigen sich Probleme: Die Ladenpassage ist schlecht überdacht, das ganze Gebäude unübersichtlich, und die Tatsache, dass nur wenige schmale Zugänge in die Einkaufszone führen, hält Laufkundschaft fern. Außerdem ist der Baustil des „Brutalismus", also roher Sichtbeton ohne kaschierende Elemente, schon bald nach der Fertigstellung unmodern und wird als hässlich empfunden. Ein ärgerliches Versäumnis ist die fehlende Öffnung zum Fluss. Freien Blick auf die Ihme gibt es nur aus den Wohnungen – und diese sind auch ungebrochen beliebt. Aber die gewerblichen Mieter geben nach und nach auf. Leerstand und Verfall prägen das Bild. Investoren, die das Gebäude revitalisieren wollen, gehen pleite. Die Zwangsversteigerung ist nicht mehr zu verhindern.

Constantin Alexander hat die Entwicklung verfolgt und will die Hoffnung noch nicht aufgeben. Ursprünglich ist er hier hergezogen, weil das Wohnen in einer gescheiterten Utopie eine interessante Erfahrung zu werden versprach. Und er schwärmt vom phantastischen Ausblick und von der Ruhe, die hier trotz der zentralen Lage herrscht. Natürlich verleugnet er die Probleme des monumentalen Betonklotzes nicht, aber er hat auch schon einige Lösungsansätze gesehen, die vielversprechend sind. „Man könnte einen Branchenmix aus autonomen Start-up-Unternehmen ansiedeln, außerdem Produktionsstätten für Künstler und kleine Läden und Cafés. Das würde den Laden in Schwung bringen und kreatives Potenzial freisetzen." Ein ziemlich verrückter, aber interessanter Vorschlag war, die gesamte Universität, die derzeit übers ganze Stadtgebiet verteilt ist, hierher zu verlegen, inklusive Studentenwohnheimen, Mensen und Bibliotheken. Natürlich ist das nur ein Gedankenspiel, sagt Alexander, aber man wird ja wohl noch träumen dürfen. Das Gebäude liegt ihm so sehr am Herzen, dass er sogar einen regelmäßig gepflegten Blog über das Leben dort betreibt.

„Man könnte einen Branchenmix aus autonomen Start-up-Unternehmen ansiedeln, außerdem Produktionsstätten für Künstler und kleine Läden und Cafés. Das würde den Laden in Schwung bringen und kreatives Potenzial freisetzen."

Seit 2004 der letzte große Laden ausgezogen ist, betritt kaum noch jemand die Ladenpassage – ausgenommen Metalldiebe, gegen die jetzt ein Wachschutz patrouilliert. Die riesige, verwinkelte und verfallende Geisterstadt hat etwas Unheimliches. Im Dunkeln wagen sich nur Hartgesottene hinein. 240.000 Quadratmeter Fläche, ein halber Kilometer Betonlabyrinth – fast automatisch entstehen urbane Legenden. Constantin Alexander kennt sie natürlich und weiß, was dran ist. Die Behauptung, es gebe unter dem Ihme-Zentrum eine ungenutzte U-Bahn-Station, wird seit Jahren diskutiert. Angeblich verschwanden 2005 zwei Studenten auf der Suche nach der geheimnisvollen Station. Der Ihmezentrum-Bewohner weiß: Es gibt sie nicht. Allerdings hat man das Fundament des Ihme-Zentrums so gebaut, dass man einen Tunnel hindurchführen könnte. Die Station selbst hätte unter dem Küchengarten liegen sollen. Eine weniger bekannte Legende ist, dass es ein Schwimmbad geben soll – und das ist laut Constantin Alexander tatsächlich der Fall. Er zeigt das schon lange leerstehende Bad, das auf einer der Hochebenen liegt. Ob das Schwimmbad jemals wieder voller Wasser sein wird? Momentan ist alles offen. Der neue Besitzer, ein Investor aus Berlin, hat noch nichts Konkretes verlauten lassen. Auf ein halbes Jahr mehr oder weniger kommt es nun auch nicht mehr an, finden die meisten Bewohner. Die sind nämlich im Schnitt recht zufrieden. Wie sagte angeblich schon Hans Adrian, verantwortlicher Stadtplaner in den 70er-Jahren und selbst Bewohner: „Der beste Ort zum Wohnen ist das Ihme-Zentrum – denn dann muss man nicht darauf gucken." Wobei sich die Lindener längst an den Anblick gewöhnt haben. Es gehört genauso zum Stadtbild wie das geliebte Heizkraftwerk. Und wie der kleine grüne Hügel an der Limmerstraße.

Ekkehard Oehler-Austin

So geht's zum Hügel beim Ihme-Zentrum:

Der Hügel befindet sich am Ostende der Limmerstraße nahe dem Küchengarten.

In den Nischen am Alten Rathaus sitzt man gut, findet Heidi Merk.

13

Nischen

Wo Marktfrauen Ware feilboten

Das ist aber ein hübsches Plätzchen: direkt gegenüber der Marktkirche gelegen, auf die man von hier aus einen wunderbaren Blick hat! Trotzdem sitzt hier eigentlich nie jemand. Denn irgendwie nimmt man die kleinen Nischen mit den Sitzgelegenheiten am Alten Rathaus, dem ältesten Profanbau der Stadt, gar nicht richtig wahr. Vielleicht, weil es am Alten Rathaus, dessen älteste Gebäudeteile schon 1410 errichtet wurden, so viel zu sehen gibt. Vielleicht auch, weil die Marktkirche alle Blicke auf sich zieht. „Das war früher anders – da waren die kleinen Nischen regelmäßig besetzt, und das für viele, viele Stunden", erzählt Niedersachsens einstige Justizministerin Heidi Merk und nimmt in einer der Nischen Platz. „Hier saßen früher die Marktleute, davor hatten sie ihre Stände aufgebaut." Denn der Marktplatz war bis Ende des 19. Jahrhunderts Marktstätte: Händler boten immer dienstags und sonnabends ihre Waren feil, und mit diesen wanderte sicherlich auch der eine oder andere Klatsch über den Tisch. Heute ist es still geworden auf dem Marktplatz. Zumindest auf diesem Teil. Nahe des Hanns-Lilje-Platzes findet immer noch regelmäßig Markt statt. „Das freut mich wirklich sehr, dass das nicht ganz verloren ging", sagt Heidi Merk.

Etwas vom einstigen bunten Leben auf dem Marktplatz lässt sich auch in der heutigen Markthalle nachempfinden. Deren Vorgängerbau entstand 1892, wurde jedoch im Zweiten Weltkrieg zerstört. Der Bau der Markthalle war nötig geworden, als Hannover sich zu einer Großstadt entwickelte: 1873 zählte man bereits über 100.000 Einwohner. Um den steigenden Bedarf an Lebensmitteln zu decken, kamen auch immer mehr Händler, oft aus den umliegenden Landgemeinden, in die Stadt. Über 2000 waren es an den Markttagen. Das steigerte den Straßenverkehr, der damals aus Wagen und Zugtieren bestand, erheblich – was viele Bürger störte. Auch ärgerte man sich über die Pferdeäpfel und den Kot der zu verkaufenden Kleintiere. Mit den strenger werdenden Hygienevorschriften ließ sich das nicht vereinbaren.

Die Königliche Polizeidirektion Hannover trieb die Abschaffung des Straßenmarktes voran. Das war 1888 – und die Folge war der Bau der Markthalle, der noch im gleichen Jahr beschlossen und vier Jahre später vollendet wurde. Am 18. Oktober 1892, einem eisigen Tag, wurde der prachtvolle Jugendstilbau eröffnet. Er war nicht nur reich verziert, sondern auch technisch bestens ausgestattet: Die Markthalle verfügte zum Beispiel über elektrische Beleuchtung und einen Wasserdruck-Fahrstuhl. 243 Stände hatten hier Platz, und den Mittelgang konnten die Fuhrwerke, auf denen die Waren geliefert wurden, bequem passieren. Von der Fülle der angebotenen Waren fühlte sich auch manch elegantere Dame angezogen. Die Marktfrauen, die zuvor in ihren Nischen am Alten Rathaus gesessen hatten, hätten sich wohl niemals träumen lassen, welche Köstlichkeiten es in der Markthalle einmal geben würde!

Eva-Maria Bast

So geht's zu den Nischen:

Die Nischen befinden sich am Alten Rathaus auf der Seite, die der Marktkirche zugewandt ist. Das Alte Rathaus steht in der Karmarschstraße 43.

Friedrich-Wilhelm Busse setzt seinen Fuß auf den rätselhaften Stein.

14

Felsbrocken

Stein des Anstoßes für einen Dorfschullehrer

Es ist fast, als hätte sich jemand vom Straßenbauamt einen Scherz erlaubt: Aus dem schmucken roten Pflaster der Straße „Kapellenbrink" in Groß-Buchholz erhebt sich ein etwa 30 Zentimeter hoher grauer Stein. Er ist weder schön noch erfüllt er eine nachvollziehbare Funktion, und man kann sich an ihm prima die Radkappen ruinieren. Und doch steht er offenbar mit Absicht dort, denn er wurde sorgfältig umpflastert. Fragt man Anwohner nach dem grauen Brocken, erntet man überwiegend ratloses Achselzucken.

Einer, der sich hier auskennt wie kein Zweiter, ist Friedrich-Wilhelm Busse, Gemeinderat und Vorstand des Heimatvereins „Pinkenburger Kreis". Auch er kann jedoch spontan keine Erklärung zu dem Stein liefern. Sollte dieses Geheimnis unerklärbar bleiben? Nein! Nach einer kurzen Recherche findet Friedrich-Wilhelm Busse dann doch eine Erklärung, die ein Stück Stadtteilgeschichte erzählt: Der Stein ist ein sogenannter Prell- oder Abweisstein. Solche Steine wurden häufig gesetzt, um Gebäudeerker und Toreinfahrten vor der Beschädigung durch Kutschenräder zu schützen, aber auch, um die Radnaben der teuren Räder zu schonen. Doch warum sollten an dieser Stelle viele Gespanne verkehrt haben? „Das unscheinbare Haus auf dem Grundstück hinter dem Stein war früher die Scheune der benachbarten Antonius-Kapelle", erklärt Friedrich-Wilhelm Busse. Bei dem schmucken kleinen Gotteshaus links der Scheune habe es sich um die Betkapelle der Groß-Buchholzer gehandelt; die Gottesdienste wurden sonntags in der St.-Nicolai-Kirche in Bothfeld gefeiert. „Dass die Scheune vergleichsweise neu aussieht, liegt daran, dass sie nach dem Zweiten Weltkrieg von dem darin wohnenden Architekten renoviert wurde", sagt der Heimatkenner. Offenbar war hier die Zufahrt zur Scheune, an der der graue Stein die Funktion einer Leitplanke ausübte.

Die Betkapelle, die einst die Schulmeisterwohnung war. Friedrich-Wilhelm Busse kennt ihre Geschichte.

Die Scheune wiederum errichtete man, weil die um 1300 erbaute Kapelle nach der Reformation als Schulhaus benutzt wurde und gleichzeitig die Dienstwohnung des Dorfschullehrers war. Die Bezahlung der Lehrer war damals so mäßig, dass diese nebenbei Landwirtschaft betrieben und die angebauten Feldfrüchte in eben dieser Scheune einlagerten. Wie beschwerlich dieser Beruf sein konnte, zeigt das Beispiel des Lehrers Christian Friedrich Wetzelius, der 1715–1724 in der Antonius-Kapelle lebte und arbeitete. Wetzelius wollte nicht mehr in der Kapelle hausen, in der im Winter die Kleider steif froren und im Sommer unerträgliche Hitze herrschte. Dem Wunsch nach einer besseren Dienstwohnung wurde jedoch nicht entsprochen. Und, was noch schlimmer war: Er verärgerte damit die örtlichen Bauern. Diese beschlossen, dem Lehrer während der Erntezeit, wenn ihre Söhne nicht zur Schule gingen, kein Schulgeld mehr zu zahlen. Der Schulmeister beschwerte sich natürlich und bezog daraufhin des Nachts eine Tracht Prügel. Die Auseinandersetzung eskalierte immer weiter. So wurde dem armen Mann einmal eine Rinderherde durch seinen Gemüsegarten getrieben, und schließlich verboten ihm die Ansässigen sogar die Nutzung des nahen Trinkwasserbrunnens. Das ging dem geplagten Schulmeister dann doch entschieden zu weit – er zog vor Gericht. Dort erwirkte er nicht nur die Erlaubnis, Trinkwasser zu schöpfen, sondern bekam sogar einen Rentenanspruch zuerkannt.

Um diesen Brunnen entbrannte ein erbitterter Streit.

Ein Happy End also für den Groß-Buchholzer Dorfschulmeister, und für seine Nachfolger besserte sich die Lage insofern, als sie eine bessere Wohnung als die zugige Kapelle bekamen. 1797 war dann auch für die Schüler das Kapitel Antonius-Kapelle beendet. Die Kapelle ging in Privatbesitz über, sie wird seitdem als Wohnhaus genutzt. Der umstrittene Trinkwasserbrunnen jedoch, den der Schulmeister Wetzelius so gerne nutzen wollte, befindet sich immer noch auf einem der dahinterliegenden Privatgrundstücke. Und der einzige, der den Zusammenhang zwischen Brunnen, Schule, Kapelle und Scheune ganz genau weiß, ist der dicke graue Brocken, der aus dem Straßenpflaster ragt. Er und Friedrich-Wilhelm Busse, der Mann, der nicht nur jeden Stein in Groß-Buchholz kennt, sondern auch die Geschichten dazu.

Ekkehard Oehler-Austin

So geht's zum Felsbrocken:

Der Stein befindet sich am Anfang der Straße Kapellenbrink gleich rechts. Dahinter steht die Kapelle. Der Brunnen steht im Vorgarten des Hauses Groß-Buchholzer Kirchweg 70.

Grabsteine

Der Große und die Dünne

Es ist ein wirklich gewaltiger Grabstein! Nicht, weil er so prunkvoll wäre, sondern weil er so groß ist! Darauf zu sehen ist – eingeritzt – ein riesiger Mann. Derart mächtig wirkt dieser Herr, dass man sich fragt, warum man ihn so groß abgebildet hat. Vermutlich, denkt der beeindruckte Besucher des Neustädter Friedhofs, ist hier ein besonders wichtiger Mensch bestattet, entsprach die Größe einer abgebildeten Person in der Gotik, also zwischen 1140 und 1500, doch oftmals seiner Bedeutung. Doch der hier beerdigte Christoff Münster (1632–1676) lebte nicht in der Zeit der Gotik, sondern im Barock (um 1600–1720). Und er war auch kein besonders bedeutsamer Mann, sondern herzoglicher Türsteher. Warum man ihn dann so groß dargestellt hat? Die Antwort könnte einfacher nicht sein: „Christoff Münster war wirklich so groß, wie auf dem Grabstein abgebildet. Er war der größte Hannoveraner, der je gelebt hat", erzählt Stadtführer Klaus-Peter Fuhrmann. 4 Ellen, 6 Zoll soll er gemessen haben, das entspricht 2,48 Metern. „Woher diese Größe kam, ist nicht bekannt, ich nehme an, das war eine Hypophysenkrankheit", vermutet er. Christoff Münster stammte nicht aus Hannover, sondern aus Varlosen im südlichen Niedersachsen, wo ihn Herzog Christian Ludwig von Braunschweig-Lüneburg (1622–1665) entdeckt haben soll. Irgendwie logisch, dass er den hochgewachsenen Mann als Wachposten haben wollte – auch wenn Christoff Münster sich vermutlich immer ziemlich bücken musste, wenn er mal durch die Tür hindurchgehen wollte, die er bewachte.

„Christoff Münster war wirklich so groß, wie auf dem Grabstein abgebildet. Er war der größte Hannoveraner, der je gelebt hat."

Der Grabstein des Großen steht dem einer besonders Dünnen gegenüber: Hier ruht die Jungfrau mit der Wespentaille, in Hannover als „Schnürgretel" bekannt. Auch sie ist auf ihrem Grabstein abgebildet,

Klaus-Peter Fuhrmann ist stolze 1,83 Meter groß. Aber neben dem Grabstein des großen Christoff fühlt er sich wie ein Zwerg.

wenn auch überlebensgroß. Dennoch ist ihre Taille so dünn, dass man sie mit zwei Händen umfassen könnte. Allerdings soll sie etwas überzeichnet dargestellt worden sein, als Warnung an alle Frauen im Schlankheitswahn. „Es war damals ja ein Schönheitsideal, sich eng zu schnüren, um eine möglichst schmale Taille zu haben. Aber diese Jungfrau, ihr Name war Anna Margaretha Borcherding, übertrieb es und starb daran", erzählt Fuhrmann. 1701 geboren, an anderen Stellen heißt es 1702, und 1716 verstorben, wurde sie nur 14 oder 15 Jahre alt. Anna Margaretha Borcherding lebte in der Calenberger Neustadt, also dem Bereich zwischen Leine, Ihme und Lavesallee, in dem sich der Friedhof befindet. Und dass Christoff Münster hier ruht, hat ebenfalls seinen guten Grund: Wenn auch zunächst nur Bürger der Neustadt hier bestattet wurden, fanden in späteren Jahren auch Angehörige des herzoglichen Hofes auf dem Friedhof ihre letzte Ruhestätte.

Anna Margaretha Borcherding schnürte sich einst zu Tode.

Zwar sind sie sich zu Lebzeiten nie begegnet – der große Christoff war bereits seit einem viertel Jahrhundert verstorben, als Anna Margaretha Borcherding das Licht der Welt erblickte – aber nach ihrem Tod sind sie quasi in dauerndem Zwiegespräch: der Riese und die Jungfrau mit der Wespentaille. Denn ihre Grabsteine hat man so aufgebaut, dass die beiden einander zugewandt sind. Und das vermutlich für alle Zeiten – oder zumindest so lange, wie der Friedhof mit seinen Grabsteinen erhalten bleibt.

Eva-Maria Bast

So geht's zu den Grabsteinen:

Die Grabsteine des Riesen und der Dünnen befinden sich auf dem Neustädter Friedhof direkt neben dem Hochhaus der Universität. Der Friedhof befindet sich am Königsworther Platz.

Vorsicht, Fäkalien! Lars Knauer neben dem Abflussrohr des Fäkadroms.

16

Bunker

Schutzraum mit Fäkadrom

Der Zweite Weltkrieg hat Hannovers Aussehen geprägt. Aber nicht nur die furchtbaren Zerstörungen, die der Bombenhagel des Jahres 1943 angerichtet hat, sind sichtbare Spuren des Krieges. Es sind in diesen Jahren auch etliche noch existierende Bauwerke entstanden – die Bunker. Grau und hässlich stehen sie an vielen Stellen der Stadt herum. Manche markieren wie runde Türmchen die Mitte eines Verkehrskreisels, wie es beim Deisterkreisel der Fall ist, andere sind mit schicken Lofts bebaut worden und wieder andere dienen als Übungsraum für geräuschintensive Bands.

Ein besonders großes Exemplar steht in Oberricklingen an der Ecke Wallensteinstraße/Torstenssonstraße. Auf den ersten Blick fällt nur die pure Größe des rechteckigen Klotzes auf, doch schaut man genauer hin, erscheint einiges seltsam: Sämtliche Luftschächte sind zugemauert. An den beiden Längsseiten des offenbar dreistöckigen Bunkers scheint man später einen Anbau angefügt zu haben, und an der Westseite schaut ein dickes Rohr in Höhe des ersten Stocks aus der Wand. Was steckt hinter den baulichen Veränderungen?

Lars Knauer kann diese Frage beantworten. Er ist Vorsitzender des Vereins „Vorbei e.V.", der sich für den Erhalt zeitgeschichtlicher Bauwerke einsetzt. Er bemüht sich darum, den Bunker an der Torstenssonstraße zu einem Museum zu machen, denn es handelt sich um ein niedersachsenweit einmaliges Objekt: den einzigen erhaltenen Atombunker des Zweiten Weltkriegs.

Ein Anbau an den Bunker für den Fall eines Atomkriegs.

„Der unbeschädigt gebliebene Weltkriegsbunker", so erklärt Lars Knauer, „wurde im Rahmen eines Instandsetzungsprogramms in den 60er-Jahren, also im Kalten Krieg, aufwändig umgebaut." Aus Angst vor atomaren Angriffen wurden die Luftschächte verschlossen und Sauerstoff nur noch über eine Filteranlage zugeführt. Die auffälligen Anbauten haben ebenfalls ihren Grund in der atomaren Bedrohung: Der östliche Anbau beherbergt die Luftfilteranlage. In anderen Vorbauten befindet sich die erste Schleuse für Schutzsuchende, die bis zum eigentlichen Eingang um drei Ecken gehen müssen. Das hat den Grund, dass radioaktive Strahlung mit jedem Winkel minimiert wird und sich damit fernhalten lässt. Vor diesem nachträglich angebauten Eingangsbereich befinden sich eine schwere, abgerundete Stahltür und eine Art Fußmatte. Die Matte ist ein Personenzähler, weiß Lars Knauer, und wenn die maximale Anzahl von 2400 Schutzsuchenden erreicht wäre, hätte sich automatisch die

Tür geschlossen. Die Abrundung sollte ermöglichen, wenn sich die Tür schließt, wenigstens die Gliedmaßen noch herausziehen zu können, ohne sich an einer scharfen Kante etwas abzureißen. Unbarmherzig hätte diese Tür Familien auseinandergerissen und Kinder von Müttern getrennt, denn der Bunkerwart hatte keine Sichtverbindung zum Eingang. Im Bunker wurde in den Jahren 1965 bis 1968 alles, was im Krisenfall nötig war, eingelagert: von Nahrung über Babypuder und Töpfchen für Jungen (blau) und Mädchen (rosa) bis hin zu Notstromaggregaten, Krankenstationen und Leichensäcken. Auch die Wasserversorgung war unabhängig von der möglicherweise verseuchten Außenwelt. Und die Entsorgung? Da kommt das merkwürdige Rohr auf der Westseite ins Spiel. Im Inneren des Bunkers befindet sich ein Fäkalientank. Der hat eine elektrische Pumpe und, für den Notfall, auch eine mechanische für Handbetrieb. Diese hätte, wenn der Behälter voll gewesen wäre, den unappetitlichen Inhalt durch das Rohr auf die Wiese gespritzt. „Die Entsorgungsanlage trägt übrigens die Typbezeichnung ‚Fäkadrom'", sagt Lars Knauer.

In den 80er-Jahren, als die Bedrohung durch die ehemaligen Feinde im Warschauer Pakt schwand, wurde die Bunkeranlage aus Kostengründen aufgegeben. Es handelt sich heute um den letzten Atombunker in Niedersachsen, der schnell wieder funktionstüchtig gemacht werden könnte. Im Gegensatz zu vielen anderen Schutzbauten wurde er noch nicht in eine Wohnanlage oder für gewerbliche Zwecke umgestaltet, und auch das Interieur ist bis auf wenige Ausnahmen noch vollständig erhalten. Ein großes Glück, findet Lars Knauer, der gerade mit seinen Mitstreitern etliche Gegenstände aus dem umgebauten Bunker in Herrenhausen gerettet hat. Denn in einer Museumsvitrine wären die Zeugnisse der Vergangenheit bei weitem nicht so beeindruckend und unmittelbar erlebbar wie in der bedrückenden Atmosphäre des Bunkers. Authentischer ist die Angst der Menschen im Kalten Krieg nicht erfahrbar.

Ekkehard Oehler-Austin

So geht's zum Bunker:

Der Bunker befindet sich an der Ecke Wallensteinstraße/Torstenssonstraße unweit der Haltestelle Wallensteinstraße der Linien 3, 7 und 17.

Die Kastanie mit ihrem Lebensretter: Herbert Schmalstieg. Im Hintergrund das Denkmal der „Göttinger Sieben".

17

Kastanie

Bäume sind keine Soldaten!

Diese Kastanie liegt Herbert Schmalstieg am Herzen. Aber wenn er erzählt, was dazu führte, dass sie noch steht, wo sie steht, dann muss Hannovers einstiger Oberbürgermeister noch immer verwundert den Kopf schütteln. Dabei hat das alles sich schon 1997 ereignet!

Die Geschichte steht im Zusammenhang mit der Aufstellung des vom italienischen Künstler Floriano Bodini (1933–2005) geschaffenen Denkmals für die „Göttinger Sieben" am Landtagsgebäude. Dieses Denkmal erinnert an den hannoverschen Verfassungskonflikt von 1837: Seinen Anfang nahm der Verfassungsstreit durch den Tod des englischen Königs Wilhelm IV. (1765–1837), der keine legitimen Nachkommen hatte. Aufgrund unterschiedlicher Thronfolgeregelungen endete damit nach 123 Jahren die Personalunion zwischen Großbritannien und Hannover. In England regierte fortan Königin Victoria (1819–1901), in Hannover bestieg Ernst August I. (1771–1851) den Thron. Eine seiner ersten Handlungen als König war es, die vergleichsweise liberale Verfassung von 1833 aufzuheben. Diese hatte die konstitutionelle Monarchie in Hannover eingeführt, also eine Staatsform, die die Macht des Königs durch eine Verfassung beschränkt – was gar nicht im Sinne Ernst Augusts I. war. Und so nahm er sie zum 1. November 1837 zurück. Die später so genannten Göttinger Sieben, allesamt Professoren an der Universität zu Göttingen, protestierten am 18. November – schriftlich. „Das Staatsgrundgesetz abzuschaffen, stellte für sie einen Rechtsbruch dar", sagt Herbert Schmalstieg. Unterschrieben hatten unter anderem der Historiker Friedrich Christoph Dahlmann (1785–1860) und die berühmten Brüder Grimm, Jacob (1785–1863) und Wilhelm (1786–1859), die Begründer der Germanistik. Dem König schmeckte diese „Protestaktion des Gewissens" gar nicht. Er entzog allen Sieben die Professur – für die Universität ein ungeheurer Schaden, da alle als hervorragende Lehrer galten – und verwies Friedrich Christoph Dahlmann, Jacob Grimm und Georg Gottfried Gervinus obendrein des Landes.

1998 wurde vor dem hannoverschen Landtag ein Denkmal aufgestellt. Schon 1992 war der Platz von der Stadt Hannover in „Platz der Göttinger Sieben" umbenannt worden. Die Idee, ein Denkmal zu errichten, wurde von der „Adolph-Freiherr-von-Knigge-Gesellschaft" entwickelt, sieben Landtagsabgeordnete hatten 1988 sieben Thesen an einem Bauzaun am Landtag angeschlagen, in dem sie die „Errichtung eines Denkmals für Zivilcourage" forderten. Einer dieser sieben war Herbert Schmalstieg. 1993 wurde ein internationaler Wettbewerb ausgeschrieben, der Zuschlag ging an Floriano Bodini.

Neben den Sieben, einem Studenten und König Ernst August hoch zu Ross ist auch ein sechs Meter hohes Portal zu sehen. Drei Professoren sind hinausgetreten, das sind die, die des Landes verwiesen wurden. Sie müssen gehen, aber das bedeutet auch Freiheit. Die verbleibenden vier stehen auf der anderen Seite des Tors, nahe beim König, mit dessen Regentschaft sie, anders als die drei Ausgewiesenen, weiterhin konfrontiert sind. „Die Gesichter sind übrigens nicht die der Professoren, sondern es handelt sich um Freunde des Künstlers", erzählt Herbert Schmalstieg. Oder um Bodini selbst: Er hat sein Gesicht Jacob Grimm geliehen. Wilhelm Grimm bekam die Züge von Künstlerbruder Arturo Bodini. Und König Ernst August schließlich sieht aus wie der Maler Alberto

Sughi. Die so Porträtierten wählte Bodini danach aus, ob sie seiner Ansicht nach ähnliche Charakterzüge hatten wie einer der Dargestellten.

Und wo bleibt der Baum? Der war schon da! Als das Denkmal aufgestellt werden sollte, stand er bereits 40 Jahre an Ort und Stelle. Und dann kam die Forderung, die Kastanie solle gefällt werden. Begründung: Sie versperre den Blick auf das Denkmal. Schmalstieg widersprach. „Ich habe dem Landtagspräsidenten geschrieben und ihn an die Baumschutzsatzung erinnert", sagt er.

Der damalige OB musste sich in der Folge einiges gefallen lassen. Man warf ihm auch „giftig-kleinkarierte Anwendung städtischer Regelwerke" und eine „kleingeistige Einstellung" vor. Auch der Künstler habe sich bemüht, ihn zur Fällung des Baumes zu bewegen, sagt Herbert Schmalstieg im Rückblick. Über das Argument sei er dann doch einigermaßen verblüfft gewesen. „Er sagte mir, Ernst August auf seinem Sockel brauche freie Sicht auf seine Soldaten, und da stünde die Kastanie im Weg." Soldaten? „Er meinte die Linden, die hier in Reih und Glied aufgestellt waren", erklärt Schmalstieg. „Bäume als Soldaten. Das muss man sich mal vorstellen. Ich habe ihm dann gesagt, dass Hannover eine Friedensstadt ist und ich nichts von solchen Soldaten wissen will. Auch dann nicht, wenn es eigentlich Bäume sind." Er blieb beharrlich und gab keinen Zentimeter nach. Zwar stellte die CDU einen Antrag auf Fällung der Kastanie – aber sie unterlag mit 21 zu 36 Stimmen.

Deshalb steht der Baum auch heute noch, wo er steht. Und deshalb freut sich Herbert Schmalstieg immer, wenn er hier vorbeigeht. Obwohl er das Denkmal mit den Sieben nicht schön findet – eine Meinung übrigens, die er mit so manchem teilt.

Ob schön oder nicht: Dass sie einmal ein Denkmal vor dem hannoverschen Landtag bekommen und die Antlitze von Italienern, die vornehmlich aus der Kunstszene stammen, erhalten würden, das hätten sich die Göttinger Sieben sicherlich auch nicht träumen lassen!

Eva-Maria Bast

So geht's zur Kastanie:

Das Denkmal steht auf dem „Platz der Göttinger Sieben" vor dem niedersächsischen Landtag. Die Kastanie befindet sich unmittelbar daneben.

Simon Benne mit den Gräbern von Hammet (links) und Hasan.

18

Türkengräber

Migration im 17. Jahrhundert

Gut 17.000 Türken sind 2015 in Hannover als Einwohner gemeldet. Sie leben und arbeiten hier, prägen seit Jahrzehnten das Bild der Stadt mit und sind leider dennoch immer wieder damit konfrontiert, dass man sie als Fremde empfindet. Wenn das im 21. Jahrhundert so ist, obwohl Istanbul keine Tagesreise mehr entfernt liegt – wie mag es dann erst im 17. Jahrhundert gewesen sein, als die Türkei ein Land am Ende der Welt zu sein schien?

Offenbar toleranter, als man es sich gemeinhin vorstellt! Jedenfalls deutet die Geschichte von Hammet und Hasan darauf hin.

Simon Benne, Redakteur der Hannoverschen Allgemeinen Zeitung, beschäftigt sich beruflich und privat mit kulturellen und religiösen Themen und hat ein Faible für Friedhöfe. „Gräber", sagt er, „sind die ehrlichsten Spiegelbilder der Geschichte. Ihre Gestaltung zeigt, was den Menschen der jeweiligen Epoche wichtig war." Er macht auf zwei ganz besondere steinerne Zeitzeugen aufmerksam: die sogenannten Türkengräber auf dem Neustädter Friedhof. Nebeneinander ruhen hier die Gebeine der türkischen Soldaten Hammet (gest. 1691) und Hasan, die wohl beide im Jahr 1683, während der zweiten Türkischen Belagerung von Wien, in Gefangenschaft gerieten. Über das Leben von Hasan ist fast nichts bekannt; von Hammet weiß man, dass er nach seiner Gefangennahme als „Kammertürke", so die damalige Bezeichnung, der Kurfürstin Sophie von der Pfalz (1630–1714) tätig war.

Hammet und Hasan waren beileibe nicht die einzigen Türken, die nach den osmanischen Feldzügen nach Deutschland kamen. Das erstarkende Osmanische Reich hatte besonders im 16. und 17. Jahrhundert mehrfach versucht, zunächst Venedig und bald ganz Mitteleuropa zu unterwerfen. 1529 und 1683 belagerten die türkischen Heere die österreichische Hauptstadt Wien. Ohne Erfolg. Viele Krieger gerieten in Gefangenschaft. Der Begriff „Beutetürke" war damals gängig, und die immer wieder stattfindenden „Türkentaufen" erfreuten sich ähnlicher Beliebtheit wie öffentliche Hinrichtungen. Nachdem die Täuflinge ihrem muslimischen „Irrglauben" abgeschworen hatten, stand einer Karriere nichts im Wege. Viele heirateten in gehobene Kreise, und etliche bekleideten Positionen wie Landvogt oder Steuereintreiber. Nicht selten nahmen sie deutsche Namen an oder gaben ihrem Geburtsnamen eine eingedeutschte Schreibweise, sodass die Herkunft verschleiert war. Johannes Soldan (ehemals Sultan) beispielsweise, angeblich Vorfahre von Goethe und dem Schokoladenfabrikanten Soldan, war bereits um 1300 als „Beutetürke" nach Deutschland gekommen.

In Hannover machte ein Gefangener große Karriere, dessen Name heute noch bekannt ist: Mehmet von Königstreu (gest. 1726). Dieser wurde auf Betreiben des Kurfürsten Georg Ludwig in den erblichen Adelsstand erhoben und folgte ihm nach London, als er König des Britischen Empires wurde.

Türkische Hofbedienstete waren also nichts Außergewöhnliches und galten sogar als Statussymbol. Ende des 17. Jahrhunderts lebten bis zu 20 Osmanen in Hannover.

Das Besondere an den Gräbern von Hammet und Hasan ist, dass beide nach islamischem Ritus beigesetzt wurden. Außerhalb der Friedhofsmauern des Christen vorbehaltenen Neustädter Friedhofs, aber nach muslimischer Sitte mit Grabsteinen für Fuß- und Kopfende und gen Mekka ausgerichtet. Es handelt sich um die ältesten muslimischen Gräber Deutschlands. Simon Benne fasziniert der interkulturelle Aspekt: „Das sind muslimische Gräber, gestaltet im damals in Deutschland gängigen Stil." Die Steine zeugen also von der Begegnung zweier Kulturkreise. Zweimal wurden sie seit 1691 umgesetzt, und bei der letzten Umsetzung 1952 richtete man die Gräber mit den christlichen Grabstätten übereinstimmend aus. Dabei gingen die Grabsteine vom Kopfende verloren und mit ihnen die osmanische Inschrift. Zum Glück sind Fotos erhalten, sodass man die Inschrift rekonstruieren konnte. Da der Steinmetz die arabischen Schriftzeichen offenbar von einer handschriftlichen Vorlage kopiert hat, ist der Text nicht leicht zu entziffern. Man kann ihm aber entnehmen, dass Hammet aus Temeschwar stammte und acht Jahre nach seiner Gefangennahme in Hannover verstarb. Er sei nach muslimischem Ritus bestattet worden und ehre durch diese Inschrift alle muslimischen Soldaten, die in der Fremde ruhen, heißt es auf einer im Jahre 2000 errichteten Gedenktafel. Auf der Rückseite des Grabsteines befindet sich eine deutsche Inschrift, die erzählt, dass Hammet wenige Tage nach Ende der Belagerung gefangen genommen wurde und danach acht Jahre im Dienst der Herzogin stand. Die Inschrift auf Hasans Stein ist durch Verwitterung unlesbar – oder gab es nie eine? Das ist umstritten.

Viele Rätsel bleiben. Wer hat die Beisetzung nach islamischem Ritus durchgeführt? Wie gelang es, die ansonsten fast obligatorische Taufe zu umgehen? Was auch immer damals, vor über 300 Jahren, geschah – dass ein Migrant seinen Glauben und Namen behalten und dennoch als geachtetes Mitglied der Gesellschaft leben konnte, ist eine Tatsache, die auch für das künftige Miteinander der Kulturen und Religionen hoffen lässt.

Ekkehard Oehler-Austin

So geht's zu den Türkengräbern:

Der Neustädter Friedhof liegt auf dem Königsworther Platz.
Die Gräber sind am Nordende links des Hauptweges.

19

Flötenspieler

Ein künstlerischer Gruß an den Sohn

Tausende Hände haben ihn schon berührt. Hände von Menschen, die voller Erwartung auf einen musikalischen Hochgenuss ins hannoversche Opernhaus strömten. Für sie spielt er sein stilles Lied zur Einstimmung auf das, was kommen wird. Ob sie ihn hören? Ihn wahrnehmen? Er ist doch nur ein Türgriff – aber ein ganz besonderer, so wie die meisten Türgriffe am Eingang des Opernhauses. Die Rede ist von dem kleinen Flötenspieler, den der berühmte hannoversche Bildhauer Kurt Lehmann (1905–2000) 1950 schuf. Der Flötenspieler ist eine der Lieblingsskulpturen von Dietmar Althof, einstiger Chef der deutschen Mövenpick-Restaurants und heutiger Senior der Schlossküche Herrenhausen. Das Original des Flötenspielers steht in seinem Wohnzimmer. Althof liebt den innigen Ausdruck des kleinen Musikers, seine Versunkenheit. Obwohl Kurt Lehmann vieles nur andeute, sei er gleichzeitig ein großer Könner in der Behandlung von Details. „Auch wenn die Gesichter nicht vorhanden oder nur angedeutet sind, sind sie bis ins Detail da, man kann sich wunderbar in diese Skulpturen hineindenken", sagt Althof. Er liebt auch die Familiengeschichte, die mit dem Flötenspieler und mit diesen Türgriffen – es sind mehrere – zusammenhängt: „Kurt Lehmann hat diese Griffe für das Opernhaus seinerzeit großartig und kunstvoll geschaffen, ohne zu wissen, dass sein Sohn Hans-Peter Jahrzehnte später ein bedeutender Intendant dieses Hauses sein würde." Der Sohn habe die bildhauerische Arbeit seines Vaters praktisch auf der Bühne fortgesetzt. Und jedes Mal, wenn Hans-Peter Lehmann die Tür zum Opernhaus öffnete, gab ihm der Vater einen stillen, einen

„Kurt Lehmann hat diese Griffe für das Opernhaus seinerzeit großartig und kunstvoll geschaffen, ohne zu wissen, dass sein Sohn Hans-Peter Jahrzehnte später ein bedeutender Intendant dieses Hauses sein würde."

Dietmar Althof birgt den kleinen Flötenspieler in seinen Händen.

künstlerischen Gruß mit. Wobei der Intendant das Opernhaus natürlich normalerweise nicht durch den Haupt-, sondern den Verwaltungseingang betrat.

Hans-Peter Lehmann, 1980 bis 2001 Intendant an der hannoverschen Oper, inszenierte auch an anderen Häusern, beispielsweise in Stuttgart, Basel, Brüssel, Amsterdam, Mailand, Paris, Chicago und Venedig. Wie sein Vater hatte auch er eine Professur inne: an der Hochschule für Musik und Theater Hannover.

„Mit vier Generationen der Familie Lehmann verbindet mich seit 30 Jahren eine enge und familiäre Freundschaft", sagt Dietmar Althof. „Mit Kurt Lehmann, den wir liebevoll ‚Voli' nannten, habe ich manches Glas geleert."

Zwischen Kurt Lehmann und Dietmar Althof gibt es übrigens auch eine räumliche Verbindung: Kurt Lehmann, der von 1949 bis 1969 in Hannover an der Technischen Hochschule lehrte, wirkte lange Zeit in seinem Atelier am Großen Garten von Herrenhausen und wohnte im Hardenberg'schen Haus in der Alten Herrenhäuser Straße. Dietmar Althof bewirtschaftet über die Schlossküche eben dieses Haus, in dem es sich heute trefflich feiern und tagen lässt. Wie Kurt Lehmann ist auch Dietmar Althof ein Künstler: Lehmanns Stoff ist Stein, Muschelkalk und Metall, Althofs Stoff sind Lebensmittel. Lehmanns Skulpturen prägen die Stadt. Althofs Speisen den hannoverschen Geschmack.

Eva-Maria Bast

So geht's zum Flötenspieler:

Die Skulptur des kleinen Flötenspielers befindet sich als Türgriff am Haupteingang des Opernhauses. Neben dem Flötenspieler gibt es noch zahlreiche weitere kleine skulpturale Türgriffe, Till Eulenspiegel zum Beispiel und einen Schauspieler mit einer Maske. Das Opernhaus steht am Opernplatz 1.

Hier hat es „Ping“ gemacht: Das berüchtigte Pflaster.
Im Hintergrund „des Pinkenburgers Haus“.

20

Pflastersteine

Auf den Spuren von Hanebuth

Die Pinkenburger Straße ist ein stark frequentiertes Fleckchen Erde. Unzählige Füße berühren täglich ihr Pflaster. Doch die Menschen, zu denen diese Füße gehören, wissen nicht, dass diese Pflastersteine einst blutüberströmt waren. Hier schlug nämlich einem der Opfer des Massenmörders Jasper Hanebuth (1607–1653) sein letztes Stündlein.

Jeder in Hannover kennt Hanebuth, zumindest dem Namen nach. Das ist nicht weiter erstaunlich, denn es handelt sich hierbei, neben Hackebeil-Haarmann, um den bekanntesten Serienmörder der Stadtgeschichte. 1653 fand er auf dem Richtplatz vor dem Steintor durch eine grausame Hinrichtung sein Ende. So viel ist verbürgt und bekannt. Aber um das Leben des Jasper Hanebuth ranken sich etliche Legenden, die mal mehr, mal weniger plausibel sind.

Wenig plausibel ist die gerne erzählte Geschichte der kleinen Tür in der Stadtmauer des Hohen Ufers, die angeblich Hanebuths Fluchtweg aus der Stadt darstellt und durch die er seine Opfer aus der Stadt geschleift haben soll, um sie in die Leine zu werfen. Dass das nicht so ist, ergibt sich schon aus der Tatsache, dass Hanebuth sämtliche 19 Morde außerhalb der Stadtmauern verübte. Den Gang gab es schon lange vor der Mordserie. Auch dass Hanebuths Block, ein Felsbrocken am Rand der Eilenriede, den Eingang der Räuberhöhle markiert, ist ins Reich der Legenden einzusortieren.

Was an Fakten über Hanebuth vorliegt, das hat Friedrich-Wilhelm Busse zusammengetragen. Der ist nicht nur ein exzellenter Kenner der Geschichte von Hanebuths Geburtsort Groß-Buchholz, sondern sogar ein entfernter Verwandter des Räubers. Aber Hanebuth, so weiß Friedrich-Wilhelm Busse, war nicht nur ein Raubmörder, sondern scheint auch eine Art hannoverscher Robin Hood gewesen zu sein. „Er soll immer wieder Teile seiner Beute an Notleidende abgetreten haben, und davon gab es ja in den Zeiten des Dreißigjährigen Krieges weiß Gott genug“, erzählt Busse. Hanebuth selbst scheint kein wohlhabender Mann gewesen zu sein, aber wenigstens hatte er von 1635 bis 1643 einen kleinen bäuerlichen Besitz, eine Kötnerstelle, die er später verkaufte. So viel kann man aus den Groß-Buchholzer Chroniken entnehmen.

„Er soll immer wieder Teile seiner Beute an Notleidende abgetreten haben, und davon gab es ja in den Zeiten des Dreißigjährigen Krieges weiß Gott genug.“

Aber sind in Hannover überhaupt verbürgte Relikte von Hanebuths Wirken zu finden? Ja, tatsächlich hat man sogar sein Geburtshaus identifizieren können: Es handelt sich um den Hof Pieper im Groß-Buchholzer Kirchweg 72. Hier kam er 1604 als Sohn eines Vollmeiers, also eines der größeren Bauern im Dorfe, zur Welt.

Und noch ein weiteres – steinernes – Zeitzeugnis gibt es in Groß-Buchholz: eben jenes Pflaster, auf das eines seiner letzten Opfer aufschlug. Das hat ein gerichtlich vereidigter Zeuge ausgesagt. Der gab an, auf einer Bank vor dem Fachwerkhaus in der heutigen Pinkenburger Straße 6 gesessen zu haben. Dort habe er einen Pfiff, einen

Schuss und ein Scheppern gehört. Das Scheppern rührte von der Rüstung des Erschossenen her, der ein schwedischer Reiter in voller Montur war und lautstark von seinem Pferd fiel. Dies geschah „vor des Pinkenburgers Hause", also dort, wo sich das historische Kopfsteinpflaster befindet.

Die Pinkenburg ist eine alte Zollstation, die sich aus einer Landwehr entwickelt hat. Diese Landwehr sollte vor Feinden aus den benachbarten Landen schützen, und im Falle eines Angriffs gab der Wächter Alarm, indem er an eine Metallstange schlug. Dieses Geräusch nannte man „pinken". Das Wort „Ping", das heute in Verbindung mit dem Sonar oder der Datenübertragung verwendet wird, lässt sich etymologisch ebenfalls von dem altdeutschen „pinken" ableiten.

Friedrich-Wilhelm Busse in dem Vorgarten, in dem der Zeuge des Mordes saß.

Friedrich-Wilhelm Busse und seine Mitstreiter vom „Pinkenburger Kreis", einem Verein zur Heimatpflege, haben den Platz vor der Pinkenburg liebevoll restauriert und einen Dorfbrunnen anlegen lassen, um den herum Skulpturen von Schweinen und Ziegen an das Leben im ehemaligen Dorf Groß-Buchholz erinnern, das 1907 nach Hannover eingemeindet wurde. Der Verein ist sehr rege und entdeckt immer wieder Überraschendes. Wie die Geschichte von Hanebuth und dem Pflaster.

Ekkehard Oehler-Austin

So geht's zu den Pflastersteinen:

Die ehemalige Zollstation mit dem Pflaster davor liegt in der Pinkenburger Straße kurz vor der Unterführung des Messeschnellwegs.

Relief

Hindenburg als Stahlkocher?

Geht man vom Lindener Marktplatz die Niemeyerstraße hinauf in Richtung St.-Martins-Kirche, passiert man eine Reihe sehenswerter Altbauten. Davon gibt es in Linden zum Glück noch etliche, das Haus mit den Nummern 16 und 17 fällt jedoch auf. Es ist Gemeindehaus der Martinskirche und Wohnhaus zugleich. Eine prächtige Doppelvilla aus roten Klinkern mit zahlreichen Reliefs an der Fassade. Etliche davon haben mit dem Thema Metallverarbeitung zu tun. Es gibt Zahnräder, Feuerhaken, Ambosse und anderes Schmiedewerkzeug. Ganz schön martialisch für ein christliches Gemeindehaus! Und an zentraler Stelle, zwischen den Doppelhaushälften, steht ein überlebensgroßer Mann in einer schweren Schürze. Offenbar ein Stahlkocher. Doch irgendwie kommen einem die Gesichtszüge des Mannes bekannt vor. Das ist doch Hindenburg? Ja, Paul von Hindenburg (1847–1934), Generalfeldmarschall und Reichspräsident, steht als profaner Stahlkocher an einem Haus im Arbeiterstadtteil Linden! Über seinem Haupt prangt das Baujahr des Gebäudes: 1917. Auch das Jahr ist eine Besonderheit, denn in der Zeit des Ersten Weltkrieges war die Bautätigkeit in der Stadt fast vollständig eingestellt worden. Hindenburgs Popularität als siegreicher Heerführer war zu dieser Zeit auf ihrem Höhepunkt; 1915 war er zum hannoverschen Ehrenbürger ernannt worden. Die Stadt Hannover schenkte ihm sogar eine Villa als Ruhesitz! Eine Relieffigur als Huldigung ist also nicht weiter erstaunlich, wohl aber die Kleidung des Feldmarschalls.

Das fand auch Heike Twele, die das Haus seit 2007 bewohnt und über dessen Geschichte zu forschen begann. „Die Frage, ob dieses Relief wirklich Hindenburg darstellt, liegt ja quasi in der Luft.“

Bevor sie mit ihrer Familie dort einzog, gehörte es einem Architekten, der es saniert hat und später verkaufte. „Leider sind viele Unterlagen noch bei ihm“, erzählt Heike Twele. Dennoch fand sie einiges heraus: So ist in den 50er-Jahren eine Firma für Kältetechnik hier ansässig gewesen. Um

Heike Twele und Hindenburg kochen Stahl.

die Geschichte des Hauses vor dem Krieg zu recherchieren, nahm sie schließlich im Stadtarchiv Einblick in einige Adressbücher vergangener Jahre. Als Bewohner waren noch 1926 für die linke Hälfte der Verwaltungsdirektor Gassmann und für die rechte Seite der technische Direktor Siegers einer traditionsreichen Firma eingetragen: der Lindener Eisen- und Stahlwerke. Dieses Unternehmen für Maschinenbau und Schwerindustrie war aus einer 1872 gegründeten Eisengießerei hervorgegangen und produzierte mit Unterbrechungen bis 1968 eiserne Bauteile für Maschinen und Schiffe sowie Zahnräder und Armaturen. Ein Industriezweig also, der in Kriegszeiten nicht zu darben pflegt. Und so konnte sich die „Eisen und Stahl", wie sie kurz genannt wurde, mitten im Ersten Weltkrieg eine luxuriöse Doppelvilla für ihre Direktoren leisten und diese mit kunstvollen Reliefs versehen lassen. Und als auffälligsten Schmuck brachte man Ehrenbürger Hindenburg am Haus an, gekleidet wie ein Stahlkocher, aber mit edlen Gesichtszügen. Quasi ein Schutzpatron einer Industrie, mit der sich der Feldherr sicher gut identifizieren konnte. Der Bau dieser Villa markierte den Beginn der Besiedlung des Straßenzuges östlich der Martinskirche.

Die „Eisen und Stahl" hat noch weitere Spuren hinterlassen: Neben dem Verwaltungsgebäude in der Davenstedter Straße 81 und der Produktionshalle zwischen Badenstedter und Davenstedter Straße gibt es Erzeugnisse des Unternehmens, die man seit Jahrzehnten mit Füßen tritt: Gullydeckel. Ab 1890 wurden sie für die Stadt Hannover produziert, und wo sie nicht völlig abgenutzt sind, kann man noch das Emblem und die Jahreszahl erkennen.

Heute steht die Halle leer und die Herstellung ist eingestellt. Jedenfalls die von eisernen Artikeln. Eine reiche Produktion an Obst und Gemüse gibt es heute allerdings an diesem Standort, denn ein großer Kleingartenverein befindet sich auf dem alten Firmengelände, und der heißt traditionsbewusst: „Lindener Eisen und Stahl".

Ekkehard Oehler-Austin

So geht's zum Relief:

Die Direktorenvilla steht in der Niemeyerstraße 16/17.
Das Relief befindet sich an der Fassade.

Hans Werner Dannowski auf der kleinen Freilichtbühne im Biergarten. Allerdings zu einer Jahreszeit, in der dieser noch geschlossen hat. Die Musiker, die hier einst konzertierten, zogen warme Frühlingsabende vor.

22

Biergarten

Der Charme vergangener Zeiten

Es ist ein warmer Frühlingsabend. Unzählige wollen die letzten Stunden dieses schönen Tages im Freien genießen, sitzen im Biergarten an der Waterloostraße. Eine Frau lacht. Gesprächsfetzen vermischen sich zu lebhaftem Gemurmel.

Schnitt. 150 Jahre vorher: Es ist ein warmer Frühlingsabend. Hofmaler Friedrich Kaulbach (1822–1903) hat Besuch. Der bedeutende Geiger Joseph Joachim (1831–1907) setzt den Bogen auf die Saiten seines Instruments und spielt. Kaulbachs Tochter Isidore wird später schreiben: „Die Seele des Künstlers schien sich in Tönen aufzulösen.“

Beide Szenen, die heutige und die damalige, spielen am selben Ort. „Der heute so beliebte Biergarten war früher der Garten von Friedrich Kaulbach“, sagt Hans Werner Dannowski. Dieser Kaulbach stammte aus der gleichen Familie wie der berühmte Münchner Malerfürst Friedrich August von Kaulbach. „Friedrich Kaulbach wohnte im Haus Waterloostraße 1, das direkt an den Garten angrenzt.“ Als Hans Werner Dannowski noch Stadtsuperintendent von Hannover war, lebte er im Pfarrhaus in der Waterloostraße 3, also in direkter Nachbarschaft zum Biergarten und zu dem Gebäude, das zum Garten gehört. Und deshalb hat er sich auch eingehend mit der Geschichte des Nachbargebäudes beschäftigt. „Für Kaulbach wurde die Villa in den Jahren 1857 bis 1860 errichtet“, sagt er. Den Bau des Hauses hatte König Georg V. (1819–1878) in Auftrag gegeben, Kaulbach hatte Georg V. häufig porträtiert, 1856 holte Seine Majestät das Mitglied der bekannten Künstlerfamilie nach Hannover. Kaulbachs Tochter schreibt in ihren Erinnerungen: „Die gemütliche Stadt mit ihren altertümlichen Straßen, den malerischen Wällen und schönen Gebäuden entzückte ihn.“ Und: „Kaulbach begann sich heimisch zu fühlen in den neuen Verhältnissen, besonders als der König ihn durch den Bau von zwei nebeneinanderliegenden Ateliers beglückte. Er durfte sich selbst den Platz aussuchen, der ihm dafür geeignet schien, und wählte die Gegend am Waterlooplatz, teils wegen der Nähe des königlichen Schlosses, teils weil die reizende ländliche Umgebung ihn lockte.“

„Man spürt ihn einfach noch, den Geist der vergangenen Zeiten.“

Hier entstand auch das berühmte Wandgemälde „Die Krönung Karls des Großen“. Isidore Kaulbach schildert ein denkwürdiges Ereignis: Durch eine Ungeschicklichkeit des Tischlers, der die Leinwand vom Keilrahmen ziehen sollte, wurde das Bild zerstört! „Meines Vaters Aufregung soll unbeschreiblich gewesen sein. Er stürzte aus dem Atelier, um den Unglücksmann nicht zu sehen und sich zu sammeln.“ Aber, schreibt die Tochter, der Vater machte sich erneut ans Werk und „nun erstand die Schöpfung zu neuer Schönheit, vollkommener als die Zerstörte“.

Auch die königlich-hannoversche Familie porträtierte er, Königin Marie (1818–1907) ließ ihm stets „ein erlesenes Frühstück mit seinem Lieblingswein" auftragen. Und Isidores Schwester saß Modell, an Stelle der Prinzessin Friederike (1848–1926) habe sie „in der ermüdenden Pose sitzen" müssen, „in der das lebhafte Königkind kaum für Minuten zu halten war".

Kaulbach führte ein offenes Haus. „Es war eine Begegnungsstätte für Künstler, für solche, die in Hannover lebten, und für solche, die zu Besuch waren", erzählt Dannowski. Die Musiker und Komponisten Johannes Brahms und Clara Schumann zählten ebenso zu den Gästen wie Franz Liszt und Anton Rubinstein. Und eben Joseph Joachim, dessen Seele sich, wie Kaulbachs Tochter in ihren Erinnerungen schreibt, in seiner Musik aufzulösen schien.

„Bei schönem Wetter haben sie sich alle in diesem Garten getroffen", sagt Hans Werner Dannowski. „Vermutlich diente ihnen sogar die kleine Empore am Ende des heutigen Biergartens als Bühne." In den Jahren, in denen Dannowski im Pfarrhaus lebte, hat er oft hier gesessen und der Stimmung nachgespürt. Und auch heute kommt er mit seiner Frau noch gern hier her, denn: „Man spürt ihn einfach noch, den Geist der vergangenen Zeiten."

Eva-Maria Bast

So geht's zum Biergarten:

Der Biergarten befindet sich in der Waterloostraße 1. Beim danebenliegenden Haus handelt es sich um die Villa Kaulbach.

SPARGEL

Kreuz

Ein Ort, vier Kirchen

Es ist nur ein halber Quadratmeter in Hannovers Altstadt. Aber für Menschen, die Kirchen lieben, mag es die schönste Stelle der Stadt sein: Mitten auf dem Hanns-Lilje-Platz befindet sich ein schwarzes Kreuz aus Pflastersteinen. Mit diesem Kreuz hat es eine ganz besondere Bewandtnis: „Wenn man sich genau in die Mitte stellt, kann man vier hannoversche Kirchen sehen", sagt Heidi Merk. Die Marktkirche im Süden. Ein Stückchen weiter östlich die Aegidienkirche. Nordwestlich die Kreuzkirche. Und westlich die Neustädter Kirche.

Wenden wir uns zunächst der Marktkirche zu. Das ist Heidi Merks Lieblingskirche, über 30 Jahre hatte ihr Ehemann Herbert Schmalstieg als Oberbürgermeister der Stadt Hannover das Patronatsrecht für das Gotteshaus inne. Seit 1574 gilt diese Regel, nach der der jeweilige OB auch Mitglied im Vorstand der Kirchengemeinde ist. Das ist aber nicht der Grund dafür, dass Heidi Merk die Kirche so sehr mag. Sie liebt sie, weil sie der Mittelpunkt und ein in sich ruhender Pol der Stadt ist, wo man schnell mal einen Moment in Stille innehalten kann, um zu sich zu finden.

Doch zurück zu Hannovers Kirchen: Anfang des 12. Jahrhunderts gab es einen romanischen Vorgängerbau der heutigen Marktkirche. Ziemlich genau in der Mitte des 14. Jahrhunderts, 1349, erfolgte der Abriss der ersten Kirche, das neue Gotteshaus wurde 1360 geweiht. Der Dachstuhl des 97 Meter hohen Turms stammt aus dem Jahr 1388. Im Zweiten Weltkrieg wurde die Marktkirche bei den Luftangriffen 1943 schwer getroffen, nur die Außenmauern und die Säulen blieben stehen. Schon 1946 begann der Wiederaufbau unter der Federführung von Architekt Dieter Oesterlen (1911–1994), der sechs Jahre dauern sollte. Damals erhielt die Marktkirche ihr heutiges Aussehen: Die roten Ziegelsteine sind vollständig freigelegt, der Raum wird durch die Backsteingotik geprägt.

Von der Marktkirche ist es nicht weit zur 1333 als einschiffige gotische Hallenkirche geweihten Kreuzkirche im Nordwesten der Altstadt.

Heidi Merk steht mitten auf dem Kreuz, von dem aus man einen Blick auf vier hannoversche Kirchen hat.

Ihr Inneres ist angenehm schlicht. Auch die Kreuzkirche wurde bei den Angriffen im Zweiten Weltkrieg in Schutt und Asche gelegt, der Wiederaufbau begann erst 1959. Und es wurde nicht alles wiederaufgebaut: Das später angebaute Seitenschiff und die Annenkapelle von 1496/97 blieben fort, stattdessen entstand 1961 eine kleine Sakristei an der Nordseite.

Nach den Luftangriffen im Jahr 1943 nicht wiederaufgebaut, sondern mit ihren zerstörten Mauern als Mahnmal gelassen, wurde die Aegidienkirche. Sie ist an einem für Hannover sehr bedeutsamen Ort entstanden: Hier befand sich einst das Dorf Tigislege, das eine Kapelle hatte. Im 12. Jahrhundert ersetzte man den kleinen Sakralbau durch eine romanische, dreischiffige Kirche. Die Aegidienkirche entstand 1347. Der Turm wurde Anfang des 18. Jahrhunderts barockisiert.

Im Westen schließlich die barocke Neustädter Hof- und Stadtkirche. In den Jahren 1666 bis 1670 errichtet, steht das Gotteshaus in der Tradition der frühen Aufklärung und ist voller Licht und Weite. Die Neustädter Hof- und Stadtkirche wurde vor allem von den protestantischen Beamten des Hofes und ihren Familien besucht. Auch sie wurde zerstört und 1956 bis 1958 wiederaufgebaut.

Über jede dieser Kirchen gäbe es noch viel mehr zu sagen. So viel Geschichte lässt sich an ihnen festmachen. Denn viele Menschen haben im Innern dieser Gotteshäuser – oder ihren Vorgängerbauten – gebetet, verzweifelt oft, wenn Pest und Krieg wieder einmal das Leben bedrohten. Schutzsuchend manchmal auch, wenn man sich bei Angriffen im Gotteshaus am Sichersten fühlte. Und wie viele glückliche Stunden haben in diesen Kirchen stattgefunden: Hochzeiten. Taufen. Konfirmationen. So interessant die Zahlen und Fakten rund um die Sakralbauten sind – es gibt noch eine Möglichkeit, wie man etwas über die Kirchen erfahren kann: vom Kreuz aus einen Spaziergang zu jeder der Kirchen unternehmen. Hineingehen. Sich setzen. Wirken lassen.

Eva-Maria Bast

So geht's zum Kreuz:

Das schwarze Kreuz befindet sich am Hanns-Lilje-Platz auf der runden Aufpflasterung.

Ronald Clark auf einer der verräterischen Bänke …

24

Großer Garten

Befruchtende Irritation

Der Große Garten in Herrenhausen ist eines der absoluten Sahnestücke der Stadt Hannover. Weit über eine halbe Million Besucher bewundern jährlich den einzigartigen Park, der als einer der wenigen Barockgärten weltweit nicht nach der Mode späterer Zeiten umgestaltet wurde. Hier ist noch die barocke Symmetrie erhalten, die akkuraten Hecken, die wie mit der Nagelschere gepflegten Rasenflächen, die streng rechtwinklige Führung der Wege – Moment! Ist das denn tatsächlich so? Ronald Clark, der Gartendirektor, schmunzelt: „Einmal hatten wir hier eine

Gruppe Vermessungstechniker zu Gast, die während des Rundgangs durch den Garten immer wieder das Gefühl hatte, dass hier etwas nicht stimmt." Irgendetwas hatte das professionelle Auge der Geodäten beleidigt. Ist möglicherweise die perfekte Ordnung doch nicht makellos? Auf den ersten Blick schwer vorstellbar, denn für Gottfried Wilhelm Leibniz (1646–1716), den großen Universalgelehrten, der viele Stunden in den Herrenhäuser Gärten zugebracht hat, war Symmetrie nicht nur ein mathematisches Phänomen, sondern eine Manifestation des Göttlichen. Hätte er nicht als Erster protestiert, wenn die perfekten Proportionen Schönheitsfehler aufweisen würden? Nicht unbedingt, denn ein zentraler Teil seiner Philosophie kreist um die Individualität und geht davon aus, dass das Prinzip der Überraschung und der Störung das Denken des Individuums erst anregt.

„Über den Grund für die Abweichung kann man nur Vermutungen anstellen, aber ausgeschlossen ist, dass es sich um ein Versehen handelt."

Die Geodäten hatten recht, hier stimmt etwas nicht! Doch worin liegt nun die Abweichung in der scheinbar perfekten Symmetrie? Es handelt sich um einen eigentlich nicht sichtbaren, sondern nur mit Messinstrumenten feststellbaren „Fehler": Die vermeintlich rechten Winkel des Großen Gartens sind gar keine! Die Abweichung beträgt etwa 2,8 Prozent, sodass die wie 90 Grad wirkenden Winkel in Wahrheit 87,2 Grad bzw. 92,8 Grad betragen. Der Garten ist also streng genommen kein Rechteck, sondern eine Raute!

„Über den Grund für die Abweichung kann man nur Vermutungen anstellen", sagt Ronald Clark, „aber ausgeschlossen ist, dass es sich um ein Versehen handelt." Zu konsequent wurde die Winkelabweichung durchgeführt, was beim Setzen und Beschneiden der Hecken großer Sorgfalt bedarf. Zudem zieht sich diese Schrägheit durch den alten Gartenteil, das sogenannte „Große Parterre", und auch durch den später entstandenen „Nouveau Jardin". Der Gartendirektor vermutet, dass die leichte Abschrägung dem Auge unbewusst angenehmer ist als eine exakt rechtwinklige Gestaltung. Sozusagen eine befruchtende Irritation. Ronald Clark sieht die Abweichung als Mittel, unbewusste Spannung zu erzeugen. „Dieses Prinzip ist auch von den Mustern der

Orientteppiche und von antiken Tempeln bekannt", sagt er. Wer darum weiß, versucht natürlich, Stellen zu finden, an denen man es bewusst wahrnehmen kann. Doch das ist gar nicht so einfach, man muss den Garten schon so gut kennen wie Ronald Clark. Er stellt sich auf die Bühne des Gartentheaters und zeigt in Richtung des Zuschauerraums: „Wenn Sie genau in der Mitte der Bühne stehen, müssten Sie eigentlich in einer Linie mit dem mittleren Baum hinter dem Zuschauerraum sein. Sie stehen aber versetzt!" Das Gartentheater macht nämlich das Spiel mit den Winkeln nicht mit und steht daher scheinbar schief.

… doch wo ist der Unterschied?

Eine andere Stelle lässt die Asymmetrie noch deutlicher zutage treten: An einer der Ost-West-Achsen stehen zwei Bänke an einer Rasenkante jeweils flankiert von einem Baum. Dazwischen liegen etwa 100 Meter und eine Hecke, die den Blick verstellt. Nacheinander betrachtet, sehen diese Ensembles exakt gleich aus. Prägt man sich alles genau ein, bemerkt man aber, dass die Bank relativ zum Baum einmal viel weiter vorne steht – die schräg verlaufenden Wege machen diese Verrückung nötig.

Die Geodäten, die den Garten einst besucht haben, brauchten diese optische Krücke nicht; sie haben intuitiv erfasst, dass die Längsachsen des Gartens leicht schräg sind. Und haben damit gleich bewiesen, dass dieser Berufsstand durchaus etwas Künstlerisches hat, denn in früheren Zeiten, so Ronald Clark, galt die Geodäsie als Kunst. Die Gartenkunst wiederum ist hier angewandte Mathematik. So verbindet der Große Garten alles, und diese Universalität macht ihn zu einem würdigen Zeitzeugen eines der größten Universalisten aller Zeiten: Gottfried Wilhelm Leibniz.

Ekkehard Oehler-Austin

So geht's zum Großen Garten:

Der Große Garten Herrenhausen liegt an der Herrenhäuser Straße.

Aussichtsplattform

Frühe Flieger in Hannover

Wenn Sie in Hannover Lilienthalstraße stehen und auf die vielbefahrene Straße Kugelfangtrift schauen, sehen Sie ein Gebäude mit einer Plattform auf dem Dach, die von einem Geländer umschlossen ist. Hier oben standen vor hundert Jahren Soldaten und schauten landenden Flugzeugen zu. Es ist die Fliegerstation der Kaserne des 1910 gegründeten Fliegerbataillons. Tatsächlich: 1910! Und das Bataillon konnte sich sogar ins gemachte Nest setzen, denn hier auf der Vahrenwalder Heide reicht die Luftfahrtgeschichte viel weiter zurück.

Genau genommen bis zum 18. August 1903: Karl Jatho, ein Stadtbeamter und Tüftler, fliegt in Vahrenheide als erster Mensch der Erde mit einem selbst konstruierten Motorflugzeug. Es handelt sich um einen Flug von 18 Meter Weite in 70 Zentimeter Höhe. Erst acht Monate danach gelingt den Gebrüdern Wright ein motorisierter Flug. So die Version der Jatho-Freunde. Allerdings ist sein Erfolg schlecht dokumentiert. Die Wrights sind einfach professioneller, und so schreiben sie sich in die Geschichtsbücher ein. Jatho macht aber tapfer weiter, verbessert seine Ergebnisse und umfliegt Jahre später Hannover in einer weiteren Eigenkonstruktion. 1907 genehmigt die Stadt auf Jathos Initiative hin auf der Vahrenwalder Heide die erste „Fahrbahn für Flugapparate“, an der Jatho eine Flugschule eröffnet. Ob er nun der erste motorisierte Pilot der Welt war oder die Brüder Wright – sei's drum. Das Gelände, auf dem der 18-Meter-Hopser stattfand, wurde zur Keimzelle norddeutscher Fliegerei.

Das 1910 gegründete Bataillon der hannoverschen Fliegertruppe bezog 1913 eine neugebaute Fliegerkaserne. Hier wurden Piloten und Lotsen ausgebildet, und es entstand ein reger Flugverkehr mit den Militärflughäfen in anderen Städten. Der zivile Luftverkehr wurde derweil in Linden abgewickelt. Die Hannoversche Waggonfabrik baute ab 1917 am Tönnisberg nördlich von Ricklingen Militärflugzeuge und

Mit Aussichtsplattform: Alexandra Lühmann vor dem ältesten erhaltenen Zeugnis der frühen Luftfahrtgeschichte.

dazu einen Landeplatz. Der planmäßige Luftverkehr begann dort 1919 mit der Strecke Berlin – Linden – Gelsenkirchen. Als jedoch der militärische Flugbetrieb aufgrund der Rüstungsbegrenzungen nach dem Ersten Weltkrieg eingestellt wurde, wechselte die zivile Sparte nach Vahrenheide. Linden, damals noch selbständige Stadt, konnte das Geld für die fälligen Modernisierungen nicht aufbringen. Und die waren nötig, denn die Branche boomte. 2584 Fluggäste zählte man bereits 1926; 1928 gab es täglich 32 Starts und Landungen von Passagier-, Fracht- und Postflugzeugen.

Das Empfangsgebäude.

Alexandra Lühmann, Flugbegleiterin in Langenhagen, kann darüber nur lächeln. „Über fünf Millionen Passagiere sind es bei uns heutzutage jährlich! Also 300 Starts und Landungen täglich. Und die Fluggäste sind etwas anderes gewohnt als das Herumstehen auf einer Wiese." Denn so sah die Abreise für Fluggäste in diesen Jahren aus: Man bekam einen Helm und hatte auf der Wiese neben der Startbahn zu warten, bis das Flugteam so weit war.

Das änderte sich für die Vahrenwalder jedoch bald, denn 1935 wurde das neue Empfangsgebäude mit Restauration, Ankunftshalle und Verwaltungstrakt eingeweiht.

Alexandra Lühmann erzählt: „Fast jeder männliche Hannoveraner kennt den Bau. Aber kaum jemand weiß, dass das mal das Empfangsgebäude des alten Flughafens war." In dem Gebäude residierte nämlich von 1957 bis 2012 das Kreiswehrersatzamt. Heute ist hier ein Service-Zentrum der Bundeswehr untergebracht. Rechts vom ehemaligen Empfangsgebäude steht noch der frühere Hangar, der heute als Garage für den Fuhrpark der hier ansässigen Bundeswehr-Akademie genutzt wird.

„Noch unbekannter ist allerdings die alte Fliegerstation von 1913 – dabei ist das Gebäude bei genauerem Hinsehen ganz eindeutig zu identifizieren", sagt Alexandra Lühmann. Sie weist auf das etwas heruntergekommene Gebäude an der Kugelfangtrift, mitten im Industriegebiet. Natürlich fällt zuerst die runde Beobachtungsplattform auf. „Hier konnte man den Fliegern Lichtzeichen geben, trainierte aber auch den Umgang mit FLAK-Scheinwerfern."

„Fast jeder männliche Hannoveraner kennt den Bau. Aber kaum jemand weiß, dass das mal das Empfangsgebäude des alten Flughafens war."

Der erste Motorflug der Menschheit, eine über hundertjährige Fliegertradition – und übrig bleibt ein vernachlässigtes Haus mit Aussichtsplattform und ein pragmatisch nachgenutztes Empfangsgebäude mit Hangar! Wenigstens hat man die umliegenden Straßen nach Flugpionieren von Ikarus bis Dornier benannt. Dennoch: „Schade, dass nicht wenigstens in einigen Stadtführern mal auf diese beiden Relikte aus der Steinzeit der Fliegerei hingewiesen wird", findet Alexandra Lühmann.

Dem ist hiermit abgeholfen. Und seit 2006 ist immerhin ein Terminal in Hannover-Langenhagen nach Karl Jatho benannt, dem hannoverschen Beamten, mit dem alles begann.

Ekkehard Oehler-Austin

So geht's zur Aussichtsplattform:

Das Gebäude steht in der Kugelfangtrift an der Einmündung der Lilienthalstraße. Das Empfangsgebäude befindet sich in der Straße Alter Flughafen 2a.

Prof. Klaus Scheelhaase kann das Rätsel um Gleis 5 und Gleis 6 lösen.

26 Gleis 5 und Gleis 6

Fehlende Bahnsteige geben Rätsel auf

Ob der Schalterbeamte der Deutschen Bahn wohl weiß, dass es am hannoverschen Bahnhof keinen Bahnsteig 6 gibt? Wir probieren es aus. Wir, das sind Prof. Klaus Scheelhaase, der von 1967 bis 1994 das U-Bahn-Bauamt Hannover leitete, und ich. „Wir suchen den Bahnsteig Nummer 6", sage ich. Der Schalterbeamte, in den Zwanzigern mag er sein, schenkt mir ein interessiertes Lächeln. „Da können Sie lange suchen", sagt er und fragt:

„Wo wollen Sie denn hin?" Meine Antwort kommt prompt: „Na, zum Bahnsteig 6." Den, lässt mich der Schalterbeamte nun wissen, gebe es aber nicht. „Steht das etwa auf Ihrer Zugverbindung, dass Sie da hinmüssen?" Ich schüttle den Kopf. „Ich habe mich nur gewundert, dass ich ihn nicht gefunden habe", sage ich. „Und auch den Bahnsteig 5 habe ich nicht entdeckt." Das Interesse des Schalterbeamten verfestigt sich. „Es gibt wenige so aufmerksame Reisende wie Sie", sagt er. Hinter uns hüstelt es verärgert. Die Reisenden müssen Anschlüsse erreichen und können kein Verständnis dafür aufbringen, dass wir uns so lange über Bahnsteige unterhalten, die es gar nicht gibt. Ich werfe einen Entschuldigung heischenden Blick über die Schulter und gestehe dem Beamten dann, mein Interesse sei beruflicher Natur. Und dass ich über die fehlenden Bahnsteige schreiben möchte. Warum sie denn fehlen, frage ich. Es sei ein Durchfahrtsgleis, sagt er. „Und wo niemand einsteigen muss, braucht es auch keinen Bahnsteig." Klaus Scheelhaase nickt zufrieden: „Richtig."
Und dann gehen Klaus Scheelhaase und ich gemeinsam zum Bahnsteig 4. Scheelhaase deutet auf die Schienen. „Sehen Sie", sagt er, „zwischen dem Bahnsteig 4 und dem gegenüberliegenden befinden sich nicht zwei, sondern drei Gleise. Beim mittleren Gleis handelt es sich um ein Durchfahrtsgleis." Es werde vor allem für Züge verwendet, die in Hannover wenden.

Es bleibt aber irritierend: Wenn man auf dem Bahnsteig 4 am Gleis 4 steht, dann ist das Gleis 5 das Durchfahrtsgleis. Um das Ganze noch verwirrender zu machen, heißt das Gleis 5 aber nicht Gleis 5, sondern Gleis 40. Fazit: Dann müsste der Bahnsteig auf der anderen Seite der Bahnsteig 6 sein. Dieser ist jedoch als Bahnsteig 7 ausgewiesen! Wo ist Gleis 6? Gibt es das gar nicht? Doch – aber es wurde zwischen die Gleise 8 und 9 verlegt und ist heute als Gleis 80 ausgewiesen. Gleis 6 liegt am Hauptbahnhof von Hannover also nicht nur an einem ungewöhnlichen Ort, sondern trägt, wie auch das Gleis 5, auch noch einen Decknamen! „All das geschah im Zuge des U-Bahn-Baus in der ersten Hälfte der 70er-Jahre", klärt Scheelhaase auf. „Da war der Bahnhof eine riesige Baustelle. Und danach hat man die Bahnsteige dann nicht umnummeriert, sondern die alte Beschilderung gelassen." Deshalb gibt es am hannoverschen Bahnhof weder einen Bahnsteig 5 noch einen Bahnsteig 6. Wohl aber, das sei hier am Rande bemerkt, einen Geister-U-Bahnhof: „Unter dem U-Bahnhof ‚Hauptbahnhof' liegt ein weiterer U-Bahnhof", verrät Scheelhaase. „Er wurde seinerzeit für die U-Bahnlinie D errichtet, die dann aber nie gebaut wurde."

Klaus Eichstaedt, der 25 Jahre lang Hausmeister im hannoverschen Rathaus war, kennt noch eine andere Geschichte zu den Gleisen 5 und 6: „Damit die Reisenden auch bei Niederschlag im Trockenen auf die Züge warten können, hat man Bahnsteige und Gleise im 19. Jahrhundert überdacht", erzählt er. „Unter dem ersten Dach lagen die Gleise 1 bis 4, unter dem anderen die Gleise 7 bis 9." Über den Gleisen 5 und 6 habe es keine Überdachung gegeben, „hier musste frei sein, damit der Rauch – man fuhr ja damals noch mit Dampfloks – abziehen konnte." Es ist ein interessanter Schlenker der Geschichte, dass die Gleise 5 und 6 schon damals eine Sonderstellung innehatten!

„Unter dem U-Bahnhof ‚Hauptbahnhof' liegt ein weiterer U-Bahnhof. Er wurde seinerzeit für die U-Bahnlinie D errichtet, die dann aber nie gebaut wurde."

Eva-Maria Bast

So geht's zu Gleis 5 und 6:

Den Bahnsteig 5 und den Bahnsteig 6 werden Reisende am Hauptbahnhof Hannover vergeblich suchen. Die beiden Gleise gibt es aber: Gleis 5 kann man zum Beispiel vom Bahnsteig 4 aus sehen. Es verläuft zwischen den Bahnsteigen 4 und 7. Gleis 6 hingegen liegt zwischen den Bahnsteigen 8 und 9.

Das Bildnis der Sophie Dorothea besteht aus vielen Teilen.

27

Bild

Zur Erinnerung an eine traurige Schönheit

Wenn Heiko Jordan durch die Kramerstraße geht, fühlt er sich beobachtet. Was ihm allerdings nicht unangenehm ist, denn erstens handelt es sich bei der Person, die ihn beobachtet, um eine sehr schöne Frau. Und zweitens hat er die Situation selbst erschaffen, ließ der Immobilienbesitzer das Bildnis dieser Dame doch über die gesamte Front seines Hauses ziehen. „Es ist ein Bild, bei dem einem die Augen immer folgen", erklärt Jordan. Bei der Schönen handelt es sich um eine wichtige Figur hannoverscher Stadtgeschichte. „Prinzessin Sophie Dorothea, Großmutter Friedrichs des Großen", stellt Heiko Jordan vor. Sophie Dorothea von Braunschweig-Lüneburg (1666–1726) fasziniert ihn seit Jahren,

Heiko Jordan muss ins oberste Stockwerk des Nachbarhauses steigen, um sich auf Augenhöhe mit der traurigen Sophie Dorothea zu befinden.

doch es gab in der Stadt nicht viel, was an sie erinnert. „In Hannover sind so viele Erinnerungspunkte im Zweiten Weltkrieg zerstört worden", erklärt der Geschäftsmann, „dadurch geraten wichtige Themen der Stadtgeschichte in Vergessenheit." Für eine Stadt sei die eigene Geschichte aber enorm wichtig, ein bedeutsamer Identifikationspunkt. „Die Geschichte von Sophie Dorothea ist eine ganz besondere", weil sie „quasi die Mutter vieler europäischen Königshäuser ist." Und weil sich an ihrer Geschichte aufzeigen lässt, wie sehr sich die Gesellschaft im Lauf der Zeit gewandelt hat.

Das Leben der Sophie Dorothea (1666–1726) beginnt sehr glücklich und endet denkbar tragisch: Ihre Eltern, Herzog Georg Wilhelm von Braunschweig und Lüneburg, Fürst zu Lüneburg (1624–1705) und Eleonore Desmier d'Olbreuse (1639–1722) sind einander in Liebe verbunden und schenken ihr eine glückliche Kindheit. Doch dann kommt sie ins heiratsfähige Alter – und darf bei der Wahl ihres Bräutigams, wie damals üblich, nicht mitreden. Zumal ihre Heirat politische Bedeutung hat: Sie muss ihren Cousin, Kurprinz Georg Ludwig (1660–1727) von Hannover, ehelichen, der später als britischer König Georg I. in die Geschichte eingehen wird. Die Väter der Brautleute sind Brüder und haben lange schon einen Vertrag über die Vermählung ihrer Kinder geschlossen, bietet die Heirat doch die Gelegenheit, die Territorien von Hannover und Celle zu vereinigen.

Sophie Dorothea kann sich nicht für ihren Gatten erwärmen – und der Kurprinz legt umgekehrt wenig Wert auf ihre Gegenwart. Er schenkt seine Gunst lieber seiner langjährigen Mätresse Ehrengard Melusine Gräfin von der Schulenburg (1667–1743).

1688 wird Philipp Christoph Graf von Königsmarck (1665–1694) Oberst der Leibgarde von Sophie Dorotheas Schwiegervater, Herzog Ernst August. Sophie Dorothea kennt Königsmarck bereits aus ihren

Kindertagen, hatte er doch am Hof ihrer Eltern als Page gedient. „Sie ist unachtsam, behandelt ihn vielleicht ein wenig bevorzugt", sagt Heiko Jordan. Schon ist das Gerücht, die beiden hätten eine Affäre, perfekt. Und tatsächlich, erklärt Jordan, hätten Sophie Dorothea und Graf Königsmarck sich geliebt. Das belegten die knapp 700 Liebesbriefe, die die beiden sich schrieben. Einen davon hat Heiko Jordan vergrößert und in der Altstadt-Bäckerei in der Kramerstraße aufhängen lassen. Der Brief befindet sich somit direkt gegenüber dem Haus, auf dem er das Konterfei der Sophie Dorothea abbilden ließ. In der Bäckerei soll der Liebesbrief die Porträts von Sophie Dorothea und Philipp Christoph Graf von Königsmarck vereinen. „Sie können sich vorstellen, wie zornig Sophie Dorotheas Gatte war, als er von dem Liebesverhältnis erfuhr", erzählt Heiko Jordan. „Dass er selbst eine Affäre hatte, spielte da natürlich keine Rolle. In der damaligen Zeit waren außereheliche Verhältnisse bei Männern ganz normal, bei Frauen hingegen überhaupt nicht."

„In Hannover sind so viele Erinnerungspunkte im Zweiten Weltkrieg zerstört worden, dadurch geraten wichtige Themen der Stadtgeschichte in Vergessenheit."

Sophie Dorothea flieht zu ihren Eltern, doch ihr Vater schickt sie zurück. Die Gründe sind wieder politisch: Im langwierigen Nordischen Krieg ist Sophies Vater darauf angewiesen, dass sein Bruder ihn gegen Dänemark und Schweden unterstützt, und kann es sich daher nicht leisten, ihn zu verärgern. Aber dieses Mal will sich Sophie Dorothea nicht so leicht in ihr Schicksal fügen. Sie plant, gemeinsam mit ihrem Geliebten und ihrer Hofdame Eleonore von dem Knesebeck zu fliehen. Der Plan wird verraten, in der Nacht vom 1. Juli 1694 verschwindet Graf Königsmarck im hannoverschen Schloss auf mysteriöse Weise. „Was mit ihm passiert ist, konnte nie genau geklärt werden", sagt Heiko Jordan. „Die Vermutungen reichen von ‚In der Leine versenkt' bis hin zu ‚im Schloss vermauert'."

Man sollte meinen, Sophie Dorothea hätte durch den Tod ihres Geliebten schon genug Leid erfahren – doch kommt noch schlimmer: „Ihr Gemahl lässt sich scheiden und Sophie Dorothea wird die alleinige Schuld für das Scheitern der Ehe in die Schuhe geschoben", sagt Heiko Jordan betroffen. Fortan darf sie sich nicht mehr Kurprinzessin nennen, „das wirklich Schlimme ist aber, dass sie ihre Kinder nicht mehr sehen darf", fährt er fort. Damit nicht genug: Sophie Dorothea wird in Schloss Ahlden in der Lüneburger Heide inhaftiert. Für den Rest ihres Lebens bleibt das Schloss ihr Gefängnis. „Fliehen kann sie nicht, da sie von 40 Mann bewacht wird", erzählt der hannoversche Unternehmer.

Um die in ihrer Kindheit so umsorgte und von ihrem Verehrer so geliebte Prinzessin ist es kalt und einsam geworden. Zwar billigt man der schönen Gefangenen im Laufe der Zeit etwas mehr Bewegungsfreiheit zu – erst darf sie sich nur im Innern des Gebäudes bewegen, später auch, mit Begleitung, im Außenbereich, ihre Mutter kommt sie besuchen, Kammerfrauen und Hofdamen stehen zur Verfügung. Aber ihre Kinder Georg August (1683–1760) und Sophie Dorothea (1687–1757, später als Gattin des „Soldatenkönigs" Friedrich Wilhelm I. Königin in Preußen und Mutter Friedrichs II.) darf sie nie mehr wiedersehen. Ihr Liebster ist tot. Die Freiheit hat man ihr genommen. Was bleibt ihr da noch, der „Prinzessin von Ahlden", wie man sie nun nennt? Die Sehnsucht nach ihren Kindern treibt sie an, irgendwann versucht sie doch, dem Gefängnis zu entkommen.

„Den Tod ihres Schwiegervaters im Jahr 1698 nimmt sie zum Anlass, wieder in Kontakt zu ihrem Exgatten und ihrer Schwiegermutter zu treten. Sie spricht ihr Beileid aus, fleht, ihre Kinder wiedersehen zu dürfen", erzählt Heiko Jordan. Doch Georg Ludwig, ihr einstiger Gatte, der nun, nach dem Tod seines Vaters, in Hannover regiert, bleibt unerbittlich. Nicht einmal als Sophie Dorotheas Vater 1705 im Sterben liegt, darf sie zu ihm.

1714 wird Sophie Dorotheas einstiger Gatte Georg Ludwig König Georg I. von Großbritannien und Irland. In den folgenden 123 Jahren werden Hannover und Großbritannien nun in Personalunion regiert. Für Sophie Dorothea macht dieser neue Umstand in ihrem Gefängnis keinen Unterschied. 1722 stirbt auch ihre Mutter. Nun hat sie den letzten Menschen verloren, der ihr etwas Wärme und Menschlichkeit schenkte. Sophie Dorothea wird bettlägerig und verweigert die Nahrungsaufnahme. Am 13. November 1726 geht ihr trauriges Leben zu Ende. Der Grund: eine erkrankte Leber, ein Gallenverschluss. Und ein gebrochenes Herz. Nicht einmal nach ihrem Tod lässt man ihr ein wenig Würde angedeihen: „Niemand in Hannover durfte trauern, Sophies Sarg wurde zunächst in einem Keller aufbewahrt, dann, im Mai 1727, mitten in der Nacht bestattet – in der Fürstengruft in der Stadtkirche St. Marien in Celle", berichtet Jordan.

„Niemand in Hannover durfte trauern, Sophies Sarg wurde zunächst in einem Keller aufbewahrt, dann, im Mai 1727, mitten in der Nacht bestattet – in der Fürstengruft in der Stadtkirche St. Marien in Celle."

Ob es die unglückliche, einsame Prinzessin ein wenig getröstet hätte, hätte sie gewusst, wie sehr sie die Herzen der nachfolgenden Generationen rühren wird? Dass ihr ein großer Dichter namens Friedrich von Schiller 1804 ein Drama entwirft, wenn er es auch nie vollendet? Und dass ihr Konterfei knapp drei Jahrhunderte nach ihrem Tod an einem Haus in Hannover hängt?

„Viele gehen hier achtlos vorbei", sagt Heiko Jordan, „aber manche werfen doch einen Blick hinauf." Und der ein oder andere schaut vielleicht auch durch den Torbogen am Haus in den Durchgang. Dort hängt ein Porträt von Philipp Graf von Königsmarck. Im Tode sind sie nun gewissermaßen doch vereint.

Eva-Maria Bast

So geht's zum Bild:

Das Bildnis der Sophie Dorothea von Braunschweig-Lüneburg ziert die Fassade des Hauses Kramerstraße 10. Im danebenliegenden Durchgang hängt ein Bildnis ihres Liebhabers Philipp von Königsmarck. Auch in der gegenüberliegenden Bäckerei finden sich Porträts der beiden – und ein Liebesbrief.

Der vierjährige Kolja staunt: Aus diesem Gully kommt Musik!

28 Gully

Musik aus dem Kanal

Wenn man eine Weile das südwestliche Ende des Ernst-August-Platzes beobachtet, fällt auf, dass immer wieder Leute unvermittelt stehen bleiben und irritiert schauen. Manchmal sind es kleine Grüppchen, die plötzlich innehalten und sich fragend ansehen. Was ist da los? Empfangen sie Signale aus dem Weltall, oder ist der Boden klebrig?

Wenn man vom Bahnhof kommt und die Straßenbahnschienen zur linken Seite der Bahnhofstraße überquert, hört man es bald: Was die Menschen überrascht, ist Musik, die aus einem Kanaldeckel heraufklingt. Geht man in die Knie und späht durch die Löcher des Gullys, sieht man allerdings nichts als Dunkelheit. Was steckt dahinter? Wie kommt die Musik in den Schacht?

Seit gut 10 Jahren betreut Uwe Kalwar das musikalische Angebot aus dem Untergrund und weiß, wie es begann: Für die Expo 2000 wurden der Bahnhof und der davor liegende Ernst-August-Platz umgestaltet. Der Architekt und Künstler Timm Ohrt (geb. 1935) versuchte den Platz offener und heller zu gestalten und gleichzeitig eine Qualität zu erreichen, die einlädt, auf dem Platz zu verweilen, statt ihn zu durcheilen. Zu diesem Zweck fügte er „Kommunikationsverstärker" wie Brunnen und Sitzflächen ein und hatte auch die Idee zum „Musikschacht". Er schreibt darüber: „Die Kunstproduktion ‚Musikschacht' entstand im Prozess, als mal wieder etwas ‚unterirdisch Notwendiges' an die Oberfläche musste. Warum nicht das unverständliche Unterirdische zu einer bewussten Irritation nutzen?" Der anfänglichen Irritation, so Ohrt, folge häufig ein Lächeln und eine Art „Ertappt-Sein", über das man dann reden möchte.

Und wie kommt nun die Musik in den Gully? Genau betrachtet, erläutert Uwe Kalwar, handelt es sich gar nicht um einen Kanalisationsschacht, sondern um einen Luftschacht der unter der Straße liegenden Sprinkleranlage. Diese erreicht man durch die Einkaufspassage, die offiziell Niki-de-Saint-Phalle-Passage heißt, aber von den Hannoveranern konsequent „Passerelle" genannt wird. Und in dieser Passerelle schließt Uwe Kalwar die Tür zur Sprinkleranlage auf. Eine Stahltreppe führt hinab ins Reich der Techniker. Zahllose Leitungen und Kabel schlängeln sich durch die Unterwelt, Wasser rauscht. Unter einem alten Wählscheibentelefon hängt ein kleiner Drahtkäfig, in dem zwei CD-Player stehen, die an eine Zeitschaltuhr angeschlossen sind. Der eine spielt in Endlosschleife die Tag-CD, der andere die Nacht-CD – und die Schaltuhr regelt den Wechsel. Ein Lautsprecherkabel führt nach oben und verschwindet dort, wo man den Luftschacht nur vermuten kann. „Bislang musste ich erst drei Mal an die Lautsprecher ran", erzählt Uwe Kalwar. Einmal hatten Randalierer offenbar mit langen Stöcken von oben die Lautsprecher ruiniert, ein anderes Mal gab's einen technischen Defekt. Gegen Regen sind die Lautsprecher durch Plastiksäcke geschützt, sodass der Schacht an sich fast wartungsfrei ist. So kann Uwe Kalwar sich ganz auf die Musik konzentrieren. Die ersten CDs im Jahre 2000 kamen noch von Timm

„Viel Scheinwerferlicht braucht es hier nicht. Hannover ist eine Stadt des Understatements und hat jede Menge Überraschendes parat."

Ohrt, der das Projekt auch aus eigener Tasche bezahlt hat. Danach übernahm Kalwar, der als Gully-DJ durchaus viele Fans hat. Als wegen Umbauten an der Passerelle die Musik verstummte, gab es eine Initiative für den „Gullymän". Acht CDs produziert Uwe Kalwar im Jahr, für jede Jahreszeit eine Tag- und eine Nachtversion. Die Musik stammt aus eigenen Beständen und enthält eine bunte Mischung fast aller Genres.

Uwe Kalwar alias DJ Gullymän legt auf.

Uwe Kalwar möchte ein wenig die Stimmung der Jahreszeit aufgreifen und flicht auch mal einen kleinen Extra-Gag ein. So taucht im Frühling manchmal der Gesang eines Zaunkönigs auf, im Wilhelm-Busch-Jahr 2007 gab's vorgelesene Gedichte, und zehn Jahre nach der Expo erklang noch einmal der Jingle, den die Gruppe „Kraftwerk" damals als „Erkennungsmelodie" für die Weltausstellung geschrieben hatte.

Bei allen Überraschungseffekten bemüht sich Uwe Kalwar aber, niemanden zu erschrecken. Fast immer gelingt das auch, nur einmal, als er eine Tonspur mit Baustellenlärm auf CD brannte, gab es besorgte Gesichter. Manche Geräusche sind – wie Timm Ohrt es sich vorgestellt hat – im besten Sinne irritierend, weil sie sich nicht sofort erschließen, so zum Beispiel der Ton aus dem Inneren eines schmelzenden Gletschers.

Und was hält der Gullymän Uwe Kalwar selbst von dem Projekt Musikschacht? Für ihn spiegelt der tönende Gully auch das Wesen der Stadt wider: „Viel Scheinwerferlicht braucht es hier nicht. Hannover ist eine Stadt des Understatements und hat jede Menge Überraschendes parat."

Ekkehard Oehler-Austin

So geht's zum Gully:

Der Kanaldeckel befindet sich auf dem Ernst-August-Platz vor dem Beginn der Bahnhofstraße.

Die unbehauenen Reliefsteine sind ein bedeutendes Stück hannoverscher Stadtgeschichte.

29

Reliefsteine

Dem Kaiser war sein Bildnis nicht genehm!

Auf diesem Stein ist nichts zu sehen. Keine kunstvolle Reliefarbeit, keine Abbildung hannoverscher Szenen, wie sie auf all den anderen Steinen, die sich als Fries auf der Nordseite des Neuen Rathauses entlangziehen, dargestellt sind. Und doch rankt sich eine Anekdote um diesen Stein, die viel erzählt. Von kaiserlicher Eitelkeit zum Beispiel. Vom Niedergang der Monarchie. Und vom Beginn der Weimarer Republik.

„Auf diesen Steinen sollte Kaiser Wilhelm II. abgebildet werden", erzählt Herbert Schmalstieg, der als Oberbürgermeister bis 2006 im Neuen Rathaus 34 Jahre lang ein- und ausging. Dieses Vorhaben stand im Zusammenhang mit der Einweihung des prachtvollen Gebäudes am 20. Juni 1913, zu der seine Majestät höchstselbst anreiste. HAZ-Redakteur Simon Benne schreibt in einem Artikel über den Kaiserbesuch: „Die halbe Stadt war auf den Beinen. Allein 15 000 Kinder hatten am Neuen Rathaus Aufstellung genommen. Geschmückt hatten sie sich mit Rosen (Mädchen) und Eichenlaub (Jungen) für den Monarchen, dessen Sonderzug mit preußischer Pünktlichkeit um 7.45 Uhr einrollte."

In Jubelstürme sei das Volk ausgebrochen, als der Monarch dann auf den Rathausbalkon trat. Und über seinem Haupte befanden sich, an der Rathausfassade, eben jene leeren Reliefsteine. Die sollten aber nicht leer bleiben, sondern man gedachte, den Kaiserbesuch dort in Stein zu meißeln. Dazu sollte es jedoch niemals kommen.

„Man musste dem Kaiser den Entwurf für das Relief natürlich vorlegen", erklärt Herbert Schmalstieg. „Der gefiel ihm aber nicht. Es soll auch noch einen zweiten Entwurf gegeben haben, der ebenfalls nicht seine Zustimmung fand. Und als dann ein dritter Entwurf hätte angefertigt werden können, gab es keinen Kaiser mehr."

Denn im Jahr nach der Einweihung brach der Erste Weltkrieg aus – und dessen Ende brachte gleichermaßen das Ende der Monarchie im Deutschen Reich mit sich. Wilhelm II. (1859–1941) dankte am 28. November 1918 ab, nachdem am 9. November die Republik gleich zwei Mal ausgerufen worden war. Kurz vor Ende des Ersten Weltkriegs kam es zu einer Revolution der Arbeiter- und Soldatenräte, in deren Verlauf ein Bundesfürst nach dem anderen zur Abdankung gezwungen wurde. Schon im Oktober hatte es auf Reichsebene eine Reform gegeben, die die 1871 von Reichskanzler Otto von Bismarck (1815–1898) eingeführte Verfassung dahingehend änderte, dass die kaiserliche Regierung dem Parlament verantwortlich wurde. Diese Oktoberreform entsprang jedoch nicht dem Wunsch des Kaisers, sondern der Notwendigkeit, Zugeständnisse an den amerikanischen Präsidenten Woodrow Wilson (1856–1924) zu machen, der ohne diesen Schritt nicht bereit war, sich für einen Waffenstillstand zwischen dem Deutschen Reich und der Entente einzusetzen. Und einen Waffenstillstand forderte die Oberste Heeresleitung (OHL) vehement, seit klar war, dass der Krieg für Deutschland trotz aller lange aufrechterhaltenen gegenteiligen Behauptungen nicht zu gewinnen war. Aber die Verantwortung für diesen Schritt sollten nicht der Kaiser und nicht die OHL selbst, sondern eine aus dem Parlament hervorgegangene Regierung tragen. Es handelte sich demnach um eine „Revolution von oben", mit der die Verantwortlichen einerseits dem Kriegsgegner entgegenkommen und andererseits die Schuld am verlorenen Krieg dem innenpolitischen Gegner zuschieben wollten. Man ersuchte ihn um Abdankung, doch der Kaiser bat sich immer wieder erneut Bedenkzeit aus.

Reichskanzler Max von Baden (1867–1929) gab am 9. November den Thronverzicht bekannt, obwohl der Kaiser noch gar nicht abgedankt hatte. Wilhelm II. floh daraufhin ins Exil, wo er am 28. November 1918 die Abdankungsurkunde unterschrieb. Damit war das Kaiserreich nach 47 Jahren zu Ende.

Als Kaiser Wilhelm II. das hannoversche Rathaus 1913 einweihte, konnte er freilich nicht wissen, dass er nur fünf Jahre später zum Abdanken gezwungen sein würde.

Wurde hier etwas vergessen? Mitten im Fries am Neuen Rathaus befinden sich unbehauene Steine.

Noch eine kleine Anekdote extra für Hannover 96-Fans: Ein Spiel von Hannover 96 gegen Djurgardens Idrottsforening Stockholm, das 2:2 endete, bildete den Höhepunkt der Sport- und Festwoche um den Kaiserbesuch. Simon Benne berichtet, dass sich die 96-Spieler weigerten, einen Elfmeter auszuführen. „Die Schweden waren nämlich mit der Schiedsrichterentscheidung nicht einverstanden. Die skandinavischen Fans sollen ob dieses Fair Plays der 96er ein Hoch auf Deutschland ausgebracht haben", zitiert Benne den Historiker Wedemeyer-Kolwe.

Zurück zu den Reliefsteinen: „Man hat später immer gerätselt, wer an Stelle von Wilhelm II. dort abgebildet werden soll", sagt Herbert Schmalstieg. Wenn er die Geschichte erzählte, hätten die Leute immer gemeint, dass doch sein Konterfei in Stein gemeißelt werden könnte. „Aber das hätte ich auf keinen Fall gewollt, das hätte ich rundweg abgelehnt", sagt er. Weil Herbert Schmalstieg ein bescheidener Mensch ist. Aber auch, weil die unbehauenen Reliefsteine ein bedeutendes Stück Stadtgeschichte sind.

Eva-Maria Bast

So geht's zu den Reliefsteinen:

Die Reliefsteine befinden sich schräg rechts oberhalb des Haupteingangs des Neuen Rathauses am Trammplatz. Sie sind Teil des Frieses, der sich über den Fenstern im ersten Stock über die gesamte Fassade zieht.

MARITIM
GRAND HOTEL

30

Siebenmännerstein

Ein Denkmal. Aber für wen und für was?

Es ist alles nicht so einfach. Im Gegenteil, es ist ziemlich kompliziert. Und es ist ein musterhaftes Beispiel dafür, wie Legendenbildung funktioniert. Die Rede ist vom Siebenmännerstein und von seiner Geschichte. Was man überall nachlesen kann, ist Folgendes: Der Siebenmännerstein an der Aegidienkirche, der sieben kniende Männer unter einem Kleeblatt – Teil des hannoverschen Stadtwappens – und einer Darstellung des Kreuzestodes Christi zeigt, erinnere an die sieben Männer, die beim Angriff Herzog Heinrichs des Älteren auf den Döhrener Turm im Jahre 1490 ums Leben kamen.

Doch was überall steht, muss nicht unbedingt richtig sein. Denn der Historiker Dr. Klaus Mlynek, der sich in der Geschichte seiner Stadt bestens auskennt, ist sich fast sicher, dass der Stein an einen anderen Überfall erinnern soll, der sich jedoch vier Jahre zuvor ereignet hat. Seine These stützt er auf folgende Fakten: Auf dem Stein ist, heute schwer lesbar, die Jahreszahl MCCCCLXXXX eingraviert. Bedeutet: 1490. Das würde ja bestens zu dem Überfall von 1490 passen. Was hat Mlynek also für Bedenken? „Das letzte X ist nachträglich eingemeißelt worden", stellt der einstige Direktor des Stadtarchivs Hannover fest. Das lasse sich auf alten Fotos des Originals – beim Stein an der Aegidienkirche handelt es sich um eine Replik, das Original steht im Historischen Museum – ganz deutlich erkennen. Eigentlich stand also ursprünglich 1480 auf dem Stein. Klaus Mlynek vermutet, dass jemand das zusätzliche X einmeißelte, um das Relikt der überlieferten Geschichte anzugleichen. Vielleicht war dieser Jemand davon ausgegangen, dass der Erschaffer des Steins einen Fehler gemacht hatte, und wollte diesen korrigieren. Gründe, die ihn zu diesem Schritt geführt haben können, gab es genug.

Tatsächlich findet jedoch 1490 ein Angriff auf Hannover statt. Heinrich der Ältere zu Braunschweig-Wolfenbüttel (1463–1514) hält es mit dem trojanischen Pferd und versteckt seine Mannen in einem

Dr. Klaus Mlynek versucht die schwer lesbare Inschrift zu entziffern.

Bauernwagen, um sie nach Hannover hineinzuschmuggeln. Das aber bemerkt ein hannoverscher Bürger, Cord Borgentrick, der zuvor auf einem außerhalb der Stadt gelegenen Ziegelhof zu tun gehabt hat. Er alarmiert die Wachen, der Angriff geht ins Leere. Heinrich und seine Truppen belagern die Stadt vom 24. November, dem Tag, an dem Cord Borgentrick die Wachen warnt, bis zum 5. Januar und müssen dann unverrichteter Dinge wieder abziehen.

„Über diese fehlgeschlagene Eroberung hat die Stadt einen relativ ausführlichen Bericht verfasst", sagt Mlynek. Fein säuberlich wurden die Ereignisse in das Rote Buch der Stadt – benannt nach der Farbe des Ledereinbands – eingetragen. Mit keinem Satz, erläutert der Historiker, sei aber erwähnt, dass Menschen ums Leben kamen. Er ist sich deshalb ziemlich sicher, dass am 24. November 1490 auf dem Döhrener Turm niemand starb. „Dieser detaillierte Originalbericht, der unmittelbar danach gefertigt worden ist, hätte ein solches Ereignis festgehalten."

Es hatte aber bereits im Jahr 1486 einen Angriff auf Hannover gegeben, bei dem tatsächlich Menschen starben: Damals schon war es der Welfe Herzog Heinrich der Ältere, der vor Hannover zog. „Er hat viel um die Stadt herum verwüstet und mag zum Teil auch in die Stadt eingedrungen sein", berichtet der Historiker. „Vor allem aber sind die Wärter, die auf dem Döhrener Turm waren, umgekommen." Das, betont Mlynek, sei aber in Vergessenheit geraten, während man bis ungefähr 1700 jährlich des Tages gedacht habe, an dem Cord Borgentrick die Hannoveraner erfolgreich vor der List des Herzogs warnte. „Das war für die Bevölkerung absolut gegenwärtig." Zumal das Ereignis von 1490 auch in der berühmten annalistischen Chronik des einstigen hannoverschen Bürgermeisters Bernhard Homeister (um 1538–1614) vermerkt ist. Neun Männer, schreibt der Chronist etwa 100 Jahre nach dem Ereignis, seien bei dem Überfall 1490 gestorben. „Zu dem Überfall 1486 schreibt er nichts", sagt Mlynek, „und dann hat die Geschichte ein Eigenleben entwickelt." Es geht mit einem Adressbuch von 1798 weiter – früher waren in Adressbüchern noch wichtige historische Ereignisse vermerkt – in dem steht, dass es 1490 einen Überfallversuch Heinrichs

„Zu dem Überfall 1486 schreibt er nichts. Und dann hat die Geschichte ein Eigenleben entwickelt."

des Älteren gegeben habe, dass Cord Borgentrick die Wärter warnte und dass sieben Männer auf dem Döhrener Turm umgebracht wurden. „Da hat man die Geschichte dann dem Stein, den es seit Mitte des 17. Jahrhunderts gab, angepasst", kommentiert Mlynek. „Wir können davon ausgehen, dass der Adressbuchverfasser die Homeistersche Chronik gelesen hat und den Siebenmännerstein kannte, der sich zu diesem Zeitpunkt schon an der Aegidienkirche befand."

Dann kam das 19. Jahrhundert und mit ihm der bekannte hannoversche Arzt und Schriftsteller Wilhelm Blumenhagen (1781–1839). „Der hat alle möglichen historischen Stoffe bearbeitet", erklärt der Historiker. Unter anderem hat er eine Novelle oder Erzählung geschrieben, die sich auf die Geschichte der Spartaner in der Schlacht bei den Thermopylen stützt. Die Thermopylen sind ein Engpass zwischen dem Kallidromos-Gebirge und dem Golf von Malia. In Kürze: Die mehrtägige Schlacht spielte sich im Zweiten Perserkrieg im August 480 v. Chr. ab. König Xerxes I. (um 519–465 v. Chr.) führte ein persisches Heer zu den Thermopylen. Ihm standen spartanische Truppen gegenüber, die unter König Leonidas I. (gest. 480 v. Chr.) das griechische Heer verteidigten. Die Perser gingen siegreich aus der Schlacht hervor und vernichteten ihre Gegner vollständig. „Das ist garantiert das Vorbild gewesen für seine sehr umfangreiche Erzählung ‚Hannovers Spartaner'", ist sich Mlynek sicher. Dabei bilde der Döhrener Turm das Gegenstück zu den Thermopylen. „Daher spricht man von den ‚sieben Spartanern' auf dem Stein." Retter Cord Borgentrick spiele natürlich eine Rolle. Und um die ganze Geschichte noch authentischer zu machen, schreibe der Autor, dass dieser Siebenmännerstein unmittelbar nach den Ereignissen von 1490 in Auftrag gegeben worden ist. „Da gibt es keinen Beleg dafür. Gar nichts. Aber als Autor – er ist ja kein Geschichtsschreiber – gibt es die dichterische Freiheit", kommentiert Mlynek.

Um den Siebenmännerstein spinnen sich viele Geschichten.

Damit ist diese Geschichte ein klassisches Beispiel dafür, wie Legendenbildung funktioniert: Man nenne Ross und Reiter, Personen, die tatsächlich lebten, Ereignisse, von denen die Menschen schon einmal gehört haben, und am besten noch ein Relikt, das man sehen kann – schon ist die Legende fertig. Häufig werden dann auch mal die Jahreszahlen durcheinandergebracht.

Kehren wir ins Reich der Fakten zurück: Es gab zwei Überfälle von Heinrich dem Älteren auf Hannover. Einen 1490, einen 1486. Bei dem Überfall 1490 starb wahrscheinlich niemand. Beim Überfall 1486 starben neun Menschen. Es bleiben also zwei Fragen: Wenn neun Männer starben, warum wurden dann nur sieben abgebildet? Und wenn der Stein an dieses Ereignis erinnern sollte – warum war dann dort das Datum 1480 und nicht 1486 vermerkt? „Beides ist mir absolut ein Rätsel", sagt Mlynek. „Möglich, dass, als der Siebenmännerstein gehauen wurde, der Steinmetz die Zahl 1486 nicht mehr genau im Kopf hatte. Und dann ist irgendein Schlaumeier gekommen und hat gesagt, der Überfall war doch 1490, und hat ein weiteres X eingemeißelt." Möglich sei auch, dass die Zahl sieben für den Steinmetz eine symbolische Bedeutung hatte.

Vielleicht hat der Siebenmännerstein aber auch mit keinem der beiden Überfälle etwas zu tun. „Vielleicht bezieht sich die Inschrift ‚*gi. rikn. un. arm/en. lat. iu. dese. dot/erbarme*', was so viel bedeutet wie: ‚Ihr Reichen und Armen, lasst euch diesen Tod erbarmen', nicht auf die Männer, sondern auf den am Kreuz hängenden Christus?"

Das sind sie, die großen Geheimnisse der Geschichte. Und diese hier ist auch eine Geschichte, die aufzeigt, wie Dinge zu scheinbaren Fakten werden, die so nie passiert sind.

Es ist die Leidenschaft vieler Historiker, die Diskrepanz zwischen Wahrheit und Überlieferung aufzudecken. Auch die von Klaus Mlynek.

Eva-Maria Bast

So geht's zum Siebenmännerstein:

Die Replik des Siebenmännersteins hängt an einem Tragepfeiler der südöstlichen Außenwand der Aegidienkirche. Die Aegidienkirche steht am Aegidienkirchhof.

Dieter Zinßer am neu bepflanzten Grab der Henriette von Rüling.

31

Gartenfriedhof

Das offene Grab und der Geist der Aufklärung

Würde man von dem in Hannovers Südstadt gelegenen Gartenfriedhof nur die auffälligsten Gräber betrachten, müsste man zu dem Schluss kommen, dass es hier nicht mit rechten Dingen zugeht. Eines der Gräber wurde gewaltsam geöffnet, in einem anderen liegt augenscheinlich ein Menschenfresser und überdies sind offenbar Dutzende Kreuze von den Grabstätten gebrochen worden. Waltet hier ein dämonischer Ungeist? „Ganz im Gegenteil", sagt Dieter Zinßer, ehemaliger Pastor und heute Vorsitzender des Vereins „Renaissance Gartenfriedhof", „hier waltet der Geist der Aufklärung!"

Doch zurück zu den rätselhaften Grabstätten. Liegt auf dem Gartenfriedhof wirklich ein Menschenfresser begraben? Natürlich nicht. Dass auf einem der Grabsteine zu lesen steht: *„Heinr. Andre as Jakob Lutz"*, bedeutet nicht, dass ein Herr Lutz von einem Herrn Andre verspeist wurde, sondern dass der Steinmetz den Namen Andreas nicht in eine Zeile meißeln konnte. So trennte er den Namen etwas unorthodox und verhalf dem Zimmermeister Heinrich Andreas Jakob Lutz (1728–1794) posthum zu Ruhm.

Und was hat es mit dem geöffneten Grab auf sich? Auf dem Sockel des Grabes der Henriette von Rüling (1755–1782) ist zu lesen: *„Dieses auf ewig gekaufte Begräbnis darf niemals geöffnet werden."* Dennoch wurde die Grabplatte angehoben und das Grab geöffnet. Waren Grabräuber am Werk? „Natürlich nicht", schmunzelt Dieter Zinßer, „was hätten die denn finden sollen? Der philosophische Zeitgeist hatte sich weit von dem der alten Ägypter entfernt, die ihren Verstorbenen Reichtümer mit ins Grab legten." 1782, als die junge Frau bestattet wurde, sah man den Leichnam als Hülle an, aus dem sich gleich nach dem Tode die unsterbliche Seele freimacht und zum Himmel aufschwingt. Und zwar ohne auf das Jüngste Gericht zu warten, sondern durch sofortige Erlösung befreit. Die vielen Schmetterlinge, die man auf verschiedenen Grabsteinen des Gartenfriedhofs finden kann, symbolisieren diese befreiten Seelen. Doch warum wurde das Grab geöffnet? Durch die Kraft der Natur! Ein Birkensämling war auf der Sockelplatte gekeimt und hatte im Laufe der Jahre die sechs Zentner schwere Deckplatte angehoben. Leider musste der alte Baum 2010 gefällt werden, und heute steht seine noch recht schmächtig aussehende Nachfolgerin auf der Grabstätte.

„Der philosophische Zeitgeist hatte sich weit von dem der alten Ägypter entfernt, die ihren Verstorbenen Reichtümer mit ins Grab legten."

Diese naturwissenschaftliche Erklärung der Graböffnung fügt sich in das Gesamtbild des Friedhofs. Denn als er 1741 angelegt wurde, begann der Rationalismus in Hannover Einzug zu halten, und in Zusammenhang mit der Personalunion zwischen Hannover und Großbritannien gelangten Wissenschaft und Technik des Britischen Weltreiches in die Provinzstadt. 123 Jahre lang, von 1714 bis 1837, war der Kurfürst – ab 1814 König – von Hannover gleichzeitig König von England, und in der Stadt ging es alles andere als provinziell zu. So sind auf dem Gartenfriedhof auch etliche Größen aus Forschung und Wissenschaft bestattet, zum Beispiel die berühmte Astronomin Karoline Herschel (1750–1848) und der Entzifferer der Keilschrift, Georg Friedrich Grotefend (1775–1853).

Und auch Goethes große Jugendliebe Charlotte Kestner geb. Buff (1753–1828) hat hier ihre letzte Ruhestätte gefunden.

Ab Ende des 18. Jahrhunderts begann sich der aufklärerische Geist auch in der klassizistischeren Gestaltung der Grabmale niederzuschlagen. Die bis dahin üblichen Kreuze wurden häufig durch Symbole der Auferstehung, wie Schmetterlinge, Blütenknospen, sich in den Schwanz beißende Schlangen und Ähnliches ersetzt oder ergänzt.

1864 gab man den Friedhof auf. Er verlor Teile seiner Fläche an die umliegenden Baugrundstücke, und nicht alle Grabmale wurden gerettet. Nur eine geringe Anzahl konnte umgesetzt werden. Von einst über 5000 Gräbern sind noch 400 erhalten, teils in schlechtem Zustand. Der Verein „Renaissance Gartenfriedhof" setzt sich dafür ein, dass der Garten, der bereits unter Denkmalschutz steht, besser geschützt wird. Leider verrichten viele Hunde ihr Geschäft hier und häufig lagern Gruppen von Trinkern auf den Grabplatten. „Wenigstens wird hier jetzt einmal in der Woche Müll weggeräumt", seufzt Dieter Zinßer, den es sichtlich schmerzt, wie respektlos einige Zeitgenossen mit diesem besonderen Ort umgehen.

Viele Grabsteine sind, auch dank einiger Grabpatenschaften, gut restauriert und gepflegt. Doch auf etlichen Steinen sind offensichtlich die gusseisernen Kreuze abgebrochen. Ein Werk böser Geister? Nein, eher die Zeichen bösen Ungeistes: 1938 wurde das Eisen eingesammelt und der Rüstungsproduktion zugeführt. „Spätestens da", meint Dieter Zinßer, „hätte man merken können, dass sich Deutschland erneut in einen Krieg stürzen will." So lässt sich an den Gräbern des Gartenfriedhofs das Auf und Ab der Geistesgeschichte verfolgen: das Erblühen der freien Gedanken der Aufklärung und der Rückfall in dunkelste Barbarei.

Ekkehard Oehler-Austin

So geht's zum Gartenfriedhof:

Der Friedhof liegt an der Einmündung der Warmbüchenstraße in die Marienstraße.

32

Eisenbahnbrücke

Bahnkönig von Klein-Rumänien

Am idyllischen Westufer des Maschsees kann man allerhand Kurioses entdecken. Eine „Seufzerallee" zum Beispiel, die „Papageienbrücke" oder den 1. Frauen-Ruderclub von 1928. Am merkwürdigsten ist aber eine Brücke, die deutlich als Eisenbahnbrücke erkennbar ist. Sie steht am Ende des Ohedamms und ist so ausgerichtet, dass sie einen Schienenstrang direkt in den Maschsee leiten würde. Aber: Sie hat gar keine Schienen. Außerdem, das legt die schmale Abmessung nahe, scheint es sich nur um eine halbe Brücke zu handeln.

Einer, der täglich an dieser seltsamen Brücke vorbeifährt, ist Andreas Krämer aus Linden. Da er ohnehin ein Faible für die Bahn hat und auch Führungen durch den Bahnhof anbietet, musste er der Sache nachgehen.

Als alteingesessener Hannoveraner weiß Andreas Krämer um die enorme Bedeutung der Eisenbahn für die Stadt, denn als 1843 die Strecke Hannover-Lehrte und 1871 die bedeutende Verlängerung Lehrte-Berlin eingeweiht wurde, ging es wirtschaftlich und kulturell rapide aufwärts mit der Stadt. Wirtschaftsgüter konnten nun in bislang unvorstellbar hohem Tempo und großen Mengen umgeschlagen werden, und die besondere Lage Hannovers befruchtete das kulturelle Leben. Denn viele Künstler aus Übersee, die von den Atlantikhäfen in die Hauptstadt Berlin reisten, pausierten in Hannover. Und nicht wenige nutzten die Stadt für eine inoffizielle Vorpremiere. So kam es, dass hier 1930 die erste schwarze Jazzkapelle in Europa zu hören war, und auch die erste exotische Nackttänzerin, Adorée Villani, trat hier auf.

Aber was für eine Rolle spielt die seltsam deplatzierte Brücke am Maschsee?

„Die Brücke führte natürlich nicht in den See", erläutert Krämer, „denn der wurde ja erst 1936 angelegt." Bereits 1909 musste die Trasse der Altenbekener Eisenbahnlinie aus technischen Gründen ein Stück

Fährt kein Zug nach irgendwo: Andreas Krämer auf der Lindener Trasse.

nach Süden verlegt werden. In Ricklingen, kurz vor dem Ohedamm, macht sie nun einen Bogen, und seitdem ist der Ohedamm kein Bahndamm mehr, sondern ein Fußweg. „Die alte Streckenführung ist aber noch erkennbar", sagt Krämer. „Wenn man vom Ohedamm über den Maschsee schaut, sieht man am anderen Ufer den Beginn des Altenbekener Damms, der einst ein Bahndamm war." Tatsächlich ist immer noch eine unverstellte Blickachse durch die Südstadt vorhanden, die an der Trasse am Altenbekener Damm endet.

Die Brücke am Ohedamm war also tatsächlich eine Eisenbahnbrücke. Womit aber das Rätsel der Streckenführung nicht gelöst wäre, denn wozu sollte eine Bahnstrecke durch Hannovers Westen, fernab des Hauptbahnhofs, dienen? Andreas Krämer hat sich in die Geschichte der Industrialisierung eingelesen. Hannover, speziell das damals noch eigenständige Linden, war Ende des 19. Jahrhunderts das Reich des „Eisenbahnkönigs" Bethel Henry Strousberg (1823–1884), eines Großindustriellen, der zeitweise einer der reichsten Männer Deutschlands war. Er produzierte in der von ihm erworbenen Maschinenfabrik, der späteren Hanomag, hohe Stückzahlen an Lokomotiven, die jedoch umständlich per Pferdewagen zum Bahnhof transportiert werden mussten. Strousberg bekam durch gute Kontakte zur Politik die Genehmigung, Trassen zur Stärkung der Binnenwirtschaft zu bauen – darunter die Kernstrecke der Altenbekener Eisenbahn. Außerdem baute er die Trasse in Richtung Deister weiter, um Kohle herbeischaffen zu können, und schloss sein Streckennetz an das der westfälischen Bahn an. Eine weitere von Strousberg gebaute Trasse lässt sich in Linden noch entdecken. Andreas Krämer zeigt die Schienen, die die Nieschlagstraße unterqueren und zum Lindener Küchengarten führen. Sie verbinden den Lindener Hafen mit dem Heizkraftwerk, das per Bahn mit Kohle versorgt wurde. Heute sind die Gleise unbenutzt und völlig überwuchert, aber im Winter, wenn die Vegetation pausiert, wundert sich so mancher über diese Trasse.

„Wenn man vom Ohedamm über den Maschsee schaut, sieht man am anderen Ufer den Beginn des Altenbekener Damms, einst ein Bahndamm."

Bethel Strousberg war beliebt bei den Arbeitern, da er überdurchschnittliche Löhne zahlte und für Sozialleistungen sorgte. Friedrich

Engels (1820–1895) nannte ihn ironisch den „Größten Mann in Deutschland". Politisch geriet er jedoch in den 1870er-Jahren unter Druck, was in erster Linie mit seinen unseriösen Finanzierungsmodellen zusammenhing. So entlohnte er Investoren mit Aktien, deren Nennwert die Investition weit überstieg. „Ein solches Vorgehen", meint Andreas Krämer, „erscheint einem vor dem Hintergrund der Bankenkrise 2008 fast modern." Nachdem sein größtes Projekt, ganz Rumänien mit einem Bahnnetz zu überziehen, platzte, war sein Fall nicht mehr aufzuhalten. Strousberg ging schließlich in Konkurs und verbrachte seine letzten Jahre verarmt in Berlin.

Die Ohedamm-Brücke.

Was von ihm in Linden-Süd bleibt, ist neben der Strousberg-Straße die Erinnerung an ein Arbeiterviertel, das wegen Strousbergs Engagement auf dem Balkan „Klein-Rumänien" hieß. Und eben die Brücken am Ohedamm und an der Nieschlagstraße die Andreas Krämer auf die Geschichte vom Eisenbahntycoon Strousberg aufmerksam machten.

Und noch ein überraschendes Erbe hinterlässt Strousberg: Die Titelfigur im vorletzten Drama des großen norwegischen Dramatikers Henrik Ibsen „John Gabriel Borkmann" (1896) soll auch vom Aufstieg und Fall des Bethel Henry Strousberg inspiriert worden sein. Womit wir wieder beim Thema Brücke wären: Die Hannoversche Eisenbahnproduktion hat tatsächlich eine Brücke von Linden über Rumänien nach Norwegen geschlagen. Keine schlechte Hinterlassenschaft, findet auch Andreas Krämer.

Ekkehard Oehler-Austin

So geht's zur Brücke:

Die Brücke steht am östlichen Ende des Ohedamms. Die stillgelegte Lindener Trasse verläuft parallel zur Rampenstraße.

Auf dem Fries sind gleich zwei Sprichwörter dargestellt.

33 Fries

Über den Tisch gezogen

Sie scheinen einander nicht grün zu sein, die beiden steinernen Herren, die da oben an der Ostseite des Alten Rathauses rangeln. Oder nein, eigentlich ist rangeln der falsche Ausdruck. Offen gestanden sieht es ziemlich merkwürdig aus, was die beiden Männer da tun: Sie sind zueinander gebeugt und durch einen Ledergurt, der hinter ihren Nacken verläuft, verbunden. Anscheinend versuchen sie, den jeweils anderen auf ihre Seite zu ziehen. Was das für einen Sinn hat? „Wäre der Tisch, an dem die beiden sitzen, auf dem Fries zu sehen, würden wir sehr schnell erkennen, dass hier das Sprichwort ‚Über den Tisch ziehen' dargestellt ist", erklärt Jürgen Veith, der 2008 aus dem Saarland nach Hannover gezogen ist und sich auf langen Spaziergängen mit den Kunstwerken im öffentlichen Raum vertraut gemacht hat. „Dieses ‚Luderziehen' war ein Kraftspiel, das, in der Nähe von Gerichtsorten dargestellt, auch eine Anspielung auf die dort abgehaltenen Verhandlungen war", berichtet Veith. Und tatsächlich befindet sich die Gerichtslaube (siehe Geheimnis 42) genau auf der anderen Seite des Rathauses: Unter dem kleinen Vorbau wurden Urteile zu Straftaten gesprochen, und die waren für heutige Begriffe denkbar grausam.

Zurück zum „Luderziehen“: Versuchten die Kontrahenten, sich über den Tisch zu ziehen, sei das noch vergleichsweise harmlos gewesen, erzählt Jürgen Veith. „Die wildere Form erfolgte auch über einem Feuer oder über einem Kamin.“ Da wurde es dann besonders unangenehm, auf die andere Seite gezogen zu werden – wer am weitesten über dem Feuer hing, kam buchstäblich ganz schön ins Schwitzen. Dieses „Spiel“ sei im 15. und 16. Jahrhundert verbreitet gewesen, erklärt Veith. Der Kunstführer hat entdeckt, dass auf dem Fries nicht nur ein, sondern zwei Sprichworte dargestellt sind: „Der rechte Mann hat seine treusorgende Ehefrau dabei, die seinen Rock, der beim Ziehen hochrutscht, unten hält.“ Damit verhindere sie, dass er sich „eine Blöße gibt“. Dieser peinliche Umstand ereilt den anderen Mann, der seine Ehefrau nicht dabei hat und auch sonst niemanden, der ihm den Rock nach unten zieht. Stattdessen hockt Till Eulenspiegel in seinem Rücken und tut nichts, um ihn vor der Peinlichkeit zu bewahren. Das hat zur Folge, dass man nebst seinem Hinterteil „die Attribute seiner Männlichkeit sehen kann“, wie Jürgen Veith es elegant ausdrückt. „Er gibt sich also eine Blöße.“

Das Luderziehen war auch unter dem Begriff Strebkatzenziehen bekannt, „weil sich die Kontrahenten wie sich sträubende Katzen gegenübersitzen“, erklärt Veith. Es findet sich schon früh in der Literatur wieder, zum Beispiel in Sebastian Brants „Narrenschiff“ (1494), in dem es heißt, „es züht die kräbkatz mancher man / der doch das merteyl noch musz lan.“ 1524 ist auf dem Titel der Streitschrift „Die Luterisch Strebkatz zugunsten der Reformation“ sogar Martin Luther (1483–1546) mit dem Papst beim Strebkatzenziehen abgebildet. Worum die beiden sich streiten, ist nicht schwer zu erraten.
Welchen Streit die beiden Herren auf dem Fries am Rathaus miteinander austragen oder ob sie nur miteinander spielen, das bleibt hingegen wohl für immer ein Geheimnis, das die beiden fest in ihren steinernen Köpfen bewahren.

Eva-Maria Bast

So geht’s zum Fries:

Der Fries befindet sich auf der Ostseite des Alten Rathauses, oberhalb des großen Spitzbogenfensters an der rechten Hälfte des Gebäudes. Das Alte Rathaus steht in der Karmarschstraße 42.

In der Gruft der Kreuzkirche ruht wohl der „Deutsche Michel."

34 Kreuzkirche

Auf den Spuren des Deutschen Michel

Mit den Nationalsymbolen ist das so eine Sache. Die Schweiz hat ihre Helvetia, Frankreich seine Marianne und die USA haben Uncle Sam. Alles gestandene Persönlichkeiten, mit denen man sich gerne identifiziert. Und Deutschland? Deutschland hat einen naiven, verschlafenen Bauern mit Zipfelmütze, den Deutschen Michel. Wie konnte es dazu kommen? Die Herkunft der Figur, die seit dem 16. Jahrhundert in Karikaturen und

Glossen als Repräsentant des ungebildeten Durchschnittsbürgers auftaucht, ist nicht mehr eindeutig zu ermitteln. Wahrscheinlich haben sich im Laufe der Jahrhunderte verschiedene Quellen unentwirrbar miteinander verflochten. Ein Mann aber, der Vorbild für den Kerl mit der Zipfelmütze sein könnte und tatsächlich zu Lebzeiten schon mit dem als Kompliment gemeinten Namen „Deutscher Michel" bedacht wurde, hat seine letzte Ruhe in Hannover gefunden.

Hans Michael von Obentraut wurde 1574 geboren und trat 1610 erstmals als Rittmeister in Erscheinung. 1619 begab er sich in den Dienst des Kurfürsten Friedrich V. von der Pfalz. 1625 wurde er Generalleutnant im Heer König Christians IV. von Dänemark, in dessen Dienst er es zu Ruhm als kluger und tapferer Heerführer brachte. Seine spanischen Gegner sollen ihn als Erste respektvoll Miguel Aleman, Deutscher Michael, genannt haben. Bei einem Gefecht gegen die Truppen Tillys in der Nähe von Seelze, etwa fünf Kilometer von Hannover entfernt, fiel Michael von Obentraut am 25. Oktober 1625. Die Leiche wurde zunächst auf den Calenberg gebracht, später – zusammen mit der Leiche Herzog Friedrichs von Sachsen-Anhalt im Austausch gegen einen gefangenen Obristen – feierlich nach Hannover überführt, wo sie vorübergehend in der Aegidienkirche beigesetzt wurde. Am 4. März 1628 bestattete man Obentraut dann in einem Grab im Chor der Marktkirche und brachte im Chor ein Epitaph mit 42 Zeilen an. Leider wurde die Steintafel im Zweiten Weltkrieg zerstört.

„Als Obentraut vor Seelze lagerte, soll er des Nachts vom Feind überrascht worden sein. Daraufhin hat er angeblich noch in Schlafgewand und Schlafmütze sein Schwert genommen und noch 15 Feinde erschlagen, bevor es ihn selbst erwischte."

Eine Kriegerkarriere während des Dreißigjährigen Krieges also. Die Verwandlung in den dösigen Deutschen Michel erscheint doch etwas weit hergeholt.

Rainer Künnecke verkörpert seit 2008 den Reitergeneral bei Veranstaltungen in Seelze und Hannover und hat eine plausible Erklärung: „Als Obentraut vor Seelze lagerte, soll er des Nachts vom Feind überrascht worden sein", erzählt er. „Daraufhin hat er angeblich noch in Schlafgewand und Schlafmütze sein Schwert genommen und noch 15

Feinde erschlagen, bevor es ihn selbst erwischte." Die Erklärung für die Darstellung des Michels mit der Mütze ist also nachvollziehbar – auch wenn diese Schilderung des Todes von Obentraut nicht ganz der historischen Wahrheit entspricht. „Aber", so Künnecke, „diese Geschichte wurde über Jahrhunderte so erzählt und gehört einfach zum Michel dazu. Ebenso wie die Variante, er sei ohne Helm und nur mit einem Stiefel in seine letzte Schlacht geritten." Doch all diese Legenden stellt Künnecke bei seinem Rundgang durch Seelze richtig.

Rainer Künnecke als „Deutscher Michel".

Die Schlafmütze hat sich wohl im Verlauf der Geschichte auf den Charakter des Deutschen Michel ausgewirkt, der sich immer mehr vom historischen Michael von Obentraut entfernt hat. So haben wir es heute eigentlich mit zwei Michels zu tun: Der eine lebt als Karikatur und Nationalsymbol weiter, der andere ist in Hannover begraben. Aber wo? Gerne wird erzählt, das Grab sei immer noch in der Marktkirche, wo auch die Steintafel mit dem Epitaph hing. Sehr wahrscheinlich befinden sich die sterblichen Überreste des Michael von Obentraut jedoch in der Kreuzkirche. Denn nach dem Zweiten Weltkrieg entschied sich die Kirchengemeinde, das Untergeschoss der Marktkirche zu nutzen, und ließ alle Gebeine, und das waren viele, in die Gruft der Kreuzkirche umbetten. Darunter sind mit ziemlicher Sicherheit auch die des Michael von Obentraut gewesen. In der Marktkirche jedoch hängt im Untergeschoss noch das Wappen der Familie von Obentraut, bei dessen Anblick die wenigsten ahnen, dass sie hier auf den Spuren der deutschen Nationalfigur wandeln, des Michels mit der Zipfelmütze.

Ekkehard Oehler-Austin

So geht's zur Kreuzkirche:

Die Kirche liegt in der Kreuzstraße. Die Gruft kann bei Führungen, die in der Regel samstags um 12 Uhr stattfinden, besichtigt werden.

Jochen Winkler vor dem gedrehten Haus.

35

Gedrehtes Haus

Sporthalle im Wandel der Zeiten

Der Ballhofplatz in Hannovers Altstadt ist heute ein schmucker, belebter Platz. Das Teestübchen bewirtet seit 1970 seine treuen Stammgäste, und am Rande des Brunnens plaudern Mitarbeiter der beiden Jugendsparten der Staatstheater, Junge Oper und Junges Schauspiel. Beide sind im Ballhof ansässig, in der Halle, die dem Platz den Namen verleiht. Beim Betrachten von historischen Aufnahmen des Ballhofplatzes stieß Jochen Winkler, Hobbyhistoriker und Liebhaber alter Fotos, auf eine ganz kuriose Sache: Das Haus Ecke Ballhofplatz/Burgstraße steht zwar nach wie vor an Ort und Stelle, aber offenbar wurde es um 90 Grad entgegen dem Uhrzeigersinn gedreht. Unglaublich! Was ist da passiert?

Um den Vorgang zu verstehen, muss man etwas ausholen und die bewegte Geschichte der Halle, die man Ballhof nennt, erzählen. Die ist tatsächlich ein Ball-Hof gewesen, und zwar einer, in dem eine Art Federball gespielt wurde. Von 1672 bis 1852 war er der größte Veranstaltungssaal Hannovers. Das Gebäude wurde außer zum Federballspiel auch als Ausstellungsraum, einschließlich Tierschauen, sowie als Theater- und Konzertraum und als Gaststätte genutzt. Häufig verwendete ihn die feine Gesellschaft, um sich nach dem Kunstgenuss im Hofopernhaus, das 1688 an den Ostflügel des Leineschlosses angebaut worden war, zu zerstreuen.

Zwischen den Tagen der höfischen Nutzung und heute liegen bewegte Zeiten. Schaut man sich Fotos aus der Zeit vor dem Zweiten Weltkrieg an, wird schnell klar, dass der gepflegte Zustand, in dem sich der Platz heute befindet, eine Errungenschaft neueren Datums ist. Jochen Winkler machte beim Betrachten solcher Vorkriegsaufnahmen der Altstadt im Bereich zwischen Leine und Ballhof eine weitere interessante Beobachtung: „Auf den meisten Fotos stehen die Fenster der Häuser weit offen. Der Grund liegt auf der Hand: Es muss wahnsinnig feucht und muffig gewesen sein. Die Häuser waren schlecht isoliert und die hygienischen Zustände katastrophal." Die Altstadt war nämlich nicht das schmucke Aushängeschild, das sie heute ist, sondern ein eng bebautes Viertel, in dem die sozial schlechter gestellten Menschen lebten. „Die Leineinsel zwischen den Flussarmen war keineswegs romantisch, wie der manchmal gebrauchte Begriff ‚Klein-Venedig' vermuten ließe", sagt Winkler, „vielmehr herrschten hier Armut und Gestank."

Am Pflaster ist der ehemalige Verlauf der Straße noch zu erkennen.

Der zweite Leinearm wurde übrigens zugeschüttet – eine Insel gibt es also heute nicht mehr. Nur die alten Fotos können einen Eindruck davon vermitteln, wie es an der Leine aussah, als der legendäre Massenmörder Haarmann hier in den 20er-Jahren die Gebeine seiner Opfer verschwinden ließ. Den Nationalsozialisten war die Gegend um den Ballhof ein Dorn im Auge. Nicht nur, dass sich in dem Saal seit

1919 eine mehr oder weniger offene Schwulenszene bei recht frivolen Shows amüsierte, es lebten hier einfach zu viele Wähler links der Mitte: Gewerkschafter, Sozialdemokraten, Kommunisten. Und so begannen 1936 umfangreiche Sanierungsarbeiten. Eine ganze Häuserzeile, die damals vor dem Ballhof stand, wurde abgerissen. Eine andere, von der Leine Richtung Stadtmitte schauend, links gelegen, wurde abgetragen, das marode Material ausgetauscht oder saniert, und wieder aufgebaut. Das Eckhaus war insgesamt noch so gut in Schuss, dass umfangreiche Arbeiten nicht nötig waren; man drehte es jedoch um die eigene Achse, um den Eingang auf dem Ballhofplatz zu haben. Die sanierte, einheitlich zum Ballhofplatz ausgerichtete Häuserzeile sollte, so wollten es die Nationalsozialisten, einen Aufmarschplatz säumen. Wo vorher eine schmale Gasse zwischen zwei Häuserblocks verlief, war eine freie Fläche entstanden. Seit dem Umbau in den 1970er-Jahren kann man den Verlauf der Gasse an der Pflasterung des Platzes nachvollziehen.

Paradeplatz war der Ballhof nur für kurze Zeit. Zwar wurde er das Vereinsheim der Hitler-Jugend und das Traditionsrestaurant Kreuzklappe im benachbarten Kreuzkirchhof, heute ein allseits geschätztes türkisches Spezialitätenrestaurant, zum Stammlokal der SA, aber der Umbau war erst 1939, also quasi mit Kriegsbeginn, beendet. Und da hatte man dann erst einmal andere Sorgen, als die städtischen Plätze zu verschönern.

Später, in den 1980er-Jahren, drehten hier schicke Cabrios ihre Runden, erinnert sich Jochen Winkler. Da war die Straße am Ballhof noch durchgängig befahrbar. „Die fuhren in den Sommermonaten wieder und wieder langsam am Teestübchen vorbei, um das Publikum mit ihren tollen Autos zu beeindrucken." Das endete erst mit dem vorerst letzten Umbau, der den Platz zur Fußgängerzone machte.

Häuser werden hier nicht mehr gedreht, aber seitdem dreht sich im Brunnen, gestaltet von Bildhauer Helmut Otto Schön, eine Gruppe vom Wasser angetriebener Bälle, die zeigen sollen, wie alles begann: mit dem offenbar uralten Vergnügen der Menschen am Ballspiel.

Ekkehard Oehler-Austin

So geht's zum gedrehten Haus:

Das Haus steht Ecke Ballhofstraße/Burgstraße.

Gitter

Gefangen im Kampf gegen Nationalsozialismus

Gustchen Breitzke. Fritz Lohmeyer. Therese Wittrock. Fritz Wulfert. Otto Brenner. Ernst Thälmann. Paul Arndt. Marianne Baecker. Grete Hoell. Walter Krämer. Wer sind sie? Einige der Namen, wie Otto Brenner, nach ihm ist in Hannover eine Straße benannt – aber auch Ernst Thälmann – werden dem einen oder anderen irgendwie bekannt vorkommen. Aber was hat es mit diesen Personen auf sich? Und was haben sie miteinander zu tun? „Sie alle saßen im Alten Gefängnis in Haft", erzählt die einstige niedersächsische Justizministerin Heidi Merk. Gemeinsam mit zahlreichen anderen, die sich gegen das nationalsozialistische Regime aufbäumten oder die nicht in dessen Ideologie passten. Von Otto Brenner, dem späteren Gewerkschafter, stammt der Satz: „Nicht Ruhe, nicht Unterwürfigkeit ist die erste Bürgerpflicht, sondern Kritik und ständige demokratische Wachsamkeit." Viele von ihnen gehörten der hannoverschen Sozialistischen Front, der Widerstandsgruppe der Sozialistischen Arbeiterpartei, oder dem kommunistischen Widerstand an – Ernst Thälmann (1886–1944) war der Vorsitzende der KPD, er saß von 1937 bis 1943 in Einzelhaft. Ein Jahr später wurde er im KZ Buchenwald ermordet.

Dieses Mahnmal soll an das Gerichtsgefängnis Hannover und seine Inhaftierten im Widerstand gegen den Nationalsozialismus erinnern.

Schon in den zwanziger Jahren hatte ein Häftling ganz anderer Art im Alten Gefängnis eingesessen. Ein grausamer Schwerverbrecher verbüßte hier seine Haft: Serienmörder Fritz Haarmann (1879–1925).

Heidi Merk schaut durch die Gitterstäbe.

Mindestens 24 Jungen und junge Männer im Alter von zehn bis 22 Jahren hatte er ermordet. Am frühen Morgen des 15. April 1925 wurde er mit dem Fallbeil enthauptet.

Von dem Gerichtsgefängnis, das 1865 bis 1875 als Königliches Zellengefängnis gebaut wurde und bis 1965 hier stand, ist nichts mehr zu sehen. Aber ein Mahnmal, das aus riesigen Gittern besteht, soll daran erinnern. „Man kann", findet Heidi Merk, „wenn man hindurchschaut, das Gefühl der Beklemmung nachempfinden, das Eingesperrte befallen haben muss." In ihrer Zeit als Justizministerin hat sie Gefängnisse oft von innen gesehen und ist dabei immer dafür eingetreten, dass Gefangenen, selbst, wenn sie noch so schlimme Verbrechen begangen haben, Menschenwürde zusteht.

Von schlimmen Verbrechen kann bei vielen, die hier in der Zeit des Nationalsozialismus inhaftiert waren, gar keine Rede sein: Sie wurden verhaftet und gefangen gehalten, weil sie versuchten Widerstand zu leisten. Oder weil sie politisch missliebig waren. Oder homosexuell. Für ihr Leid waren Deutsche verantwortlich, die vom Nationalsozialismus überzeugt waren.

„Man kann, wenn man hindurchschaut, das Gefühl der Beklemmung nachempfinden, das Eingesperrte befallen haben muss."

Heidi Merk gedenkt all jener, die im Kampf gegen den Nationalsozialismus sterben mussten. Leise liest sie die letzten Sätze der Inschrift vor: *„Das Mahnmal Gerichtsgefängnis erinnert daran, dass sich Justiz und Polizei als Helfershelfer des Faschismus betätigten. Hier war ein Ort der Denunziation, an dem Menschen willkürlich und aus politischen Gründen inhaftiert waren."*

Eva-Maria Bast

So geht's zum Gitter:

Das Mahnmal Gerichtsgefängnis Hannover steht hinter dem Hauptbahnhof und dem Raschplatz an der Lister Meile beim Pavillon.

Klaus-Peter Fuhrmann vor den Arkaden des „Neuen Hauses".

37

Arkaden

Das bunte Treiben am Neuen Haus

Schlendert man am Emmichplatz entlang, muss man sich auf interessante akustische Erlebnisse einstellen. In das Rauschen des Straßenverkehrs und das Singen der Vögel in der angrenzenden Eilenriede mischen sich Klänge der unterschiedlichsten Instrumente, die alle etwas anderes spielen. Hier steht nämlich die Hochschule für Musik, Theater und Medien Hannover (HMTMH), kurz Musikhochschule. Die im Sommer offenen Fenster der Übezellen sorgen für eine lustige Kakophonie. Die Musikhochschule ist in einem modernen weißen Gebäude untergebracht, das sich wie ein Schneckenhaus eindreht und in dessen Innenhof sich eine Art Amphitheater befindet.

Diese architektonischen Finessen werden jedoch durch ein anderes Bauwerk überstrahlt, das vor der Hochschule steht und den Blick darauf verstellt. Es sind – offenbar sehr alte – Arkaden, in deren Mitte sich ein Pavillon mit runder Kuppel befindet. Völlig zweckfrei steht das Ensemble da, als sei die Zeit darüber hinweggegangen. Wer jüngeren Jahrgangs ist, wundert sich, aber Hannoveraner, deren Erinnerungen bis in die 1960er-Jahre reichen, kennen den Ursprung dieser baulichen Relikte. Klaus-Peter Fuhrmann, Stadtführer und Hobbyhistoriker, ist so einer. „Diese Arkaden sind die Fassade eines der beliebtesten Ausflugsziele Hannovers", erzählt er. „Es lag in einem schönen Waldpark, und in seinem Kaffeegarten hatten 1.100 Besucher Platz! Noch meine Großmutter ist da jeden Sonntag hingegangen, und wir Kinder waren oft dabei."

So sieht es hinter den Arkaden aus: der Hof der Musikhochschule.

Fuhrmann erinnert sich freilich nur an den Zustand nach dem Zweiten Weltkrieg, als der gastronomische Betrieb schon an Beliebtheit verloren hatte. „Vor dem Krieg war hier aber richtig was los", weiß er aus Erzählungen, „es gab einen Konzertgarten, eine große Terrasse, einen Billardsaal und Tanzflächen. Regelmäßig gab es Konzerte." Die Parkanlage, in der das Caféhaus stand, war von Julius Trip (1857–1907) gestaltet worden, der auch den viel gelobten Maschpark am Neuen Rathaus angelegt hatte. Das Haus selbst stammte von Architekt Paul Rowald (1850–1920) und wurde 1894 eingeweiht. Allerdings war es nicht der erste Bau an diesem Standort, bereits vorher stand hier ein beliebtes Caféhaus, das den gehobenen Ansprüchen bald nicht mehr gewachsen war und durch ein neues ersetzt wurde. „Die Lage", erzählt Fuhrmann, „war einfach klasse. Es wurde mit ‚Blick aufs Wasser' geworben, und tatsächlich lief ja hier der Schiffgraben vorbei, in dem man einen kleinen Hafen neben dem Restaurant angelegt hatte."

Im Vorgängerbau wurde seit 1714 getrunken und getanzt, „Zum Goldenen Löwen" hieß die Gastwirtschaft zunächst, später dann „Caféhaus und Restauration im Neuen Hause". Mitte des 18. Jahrhunderts wurde der Kaffee in Hannover auch außerhalb des Königshofes beliebt, und aus dieser Zeit existieren noch Werbeannoncen des „Neuen Hauses" für das Modegetränk. Der Name „Neues Haus“ hat sich bis heute gehalten – bei denen, die sich an ein Gebäude und nicht nur die Fassadenfragmente erinnern. Wie Klaus-Peter Fuhrmann, der noch mehr Erstaunliches zu berichten hat: „Das Haus war kurzzeitig auch eine Menagerie, denn 1865 wurden hier die Tiere gehalten, die für den noch nicht ganz fertiggestellten Zoo bestimmt waren.“ Schon in dieser Zeit gab es abends regelmäßige Konzert- und Tanzveranstaltungen, und die Gastwirtschaft erfreute sich auch tagsüber großer Beliebtheit, denn sowohl für die Spaziergänger in der Eilenriede als auch für Kutscher auf dem Weg in die City lag sie geografisch perfekt. Seit den 1920er-Jahren war das Haus auch per Straßenbahn erreichbar, aber dennoch nahm die Beliebtheit ab – man fuhr lieber weiter hinaus ins Grüne, zumal die Stadt immer weiter an den Emmichplatz herangewachsen war.

Ursprünglich war das Gebäude aber gar nicht als Restaurant geplant gewesen: 1712 erwartete man einen Ausbruch der Pest, die schon in anderen Städten gewütet hatte, und baute hier, vor den Stadttoren, dieses Haus als Pestspital. Und zwar gezielt abseits der Poststraße, die auf der heutigen Lister Meile verlief, um keine Verbreitung der Seuche zu provozieren. Und auch bewusst im Norden, denn die Pest wurde aus Bremen oder Verden erwartet, die damals die wichtigsten Handelspartner in Norddeutschland waren. Später wurde das Haus als Gastwirtschaft verpachtet.

1970 kam das Ende für das Neue Haus: Die Landesbühne, die für wenige Jahre hier residierte, zog in neue Räumlichkeiten, und das Haus wurde abgerissen, um der Musikhochschule Platz zu machen. Die alten Arkaden wurden als Erinnerung und Kontrast davor aufgestellt. Allerdings sind sie gegenüber ihrem vorherigen Standort etwa 30 Meter nach links gerutscht – ein Tribut an die Platzgestaltung mit Rücksicht auf den Straßenverkehr.

Eine bunte Geschichte: Pesthaus, Cafe, Zoo, Konzertsaal, Theaterbühne – und was könnte diese Vielfalt besser untermalen als die gemischten Klänge, die aus den Fenstern der Hochschule dringen!

Ekkehard Oehler-Austin

So geht's zu den Arkaden:

Die Reste vom „Neuen Haus“ stehen auf dem Emmichplatz.

Ulrich Seiler zeigt einen der 48 Halteringe.

38 Eisenringe

Die Nordstadt, die Uni und die Pferde

In der Nordstadt schlägt das studentische Herz Hannovers: Im 1857 bis 1866 erbauten Welfenschloss residiert die Verwaltung der Universität, und die ganze Gegend nördlich und östlich davon ist voll von Instituten der Uni. Teils befinden sie sich in schönen Altbauten, wie etwa das Chemische Institut in der Callinstraße, einige sind in modernen Zweckbauten untergebracht. Im Quartier zwischen Appelstraße und Callinstraße dominiert ein 18-stöckiges Hochhaus das Gelände, auf dem noch weitere schmucklose Neubauten stehen und das ansonsten aus einem geschotterten Parkplatz besteht. In diesem ziemlich trostlosen Ambiente setzt eine kleine, längliche Halle aus rotem Backstein einen farbigen Akzent. Betrachtet man sie genauer, fallen 48 eiserne Ringe auf, die entlang der Nordseite etwa in Brusthöhe angebracht sind. Der Zweck dieser Ringe wird schnell klar, wenn man weiß, wie das Gelände genutzt wurde, bevor die Universität einzog. Bis zum Zweiten Weltkrieg war hier die Heimat des „1. Hannoverschen Ulanenregiments Nr. 13", ein Kavallerieverband der preußischen Armee. Das rote Backsteingebäude war ein Pferdestall, die eisernen Ringe dienten zum Anbinden von Pferden! Ulrich Seiler, Hobbyhistoriker und Webmaster des Stadtteilportals, schätzt den Stall als historisches Zeugnis. „Hier ist schon viel alte Bausubstanz verschwunden, weil die Uni Platz brauchte", erzählt Seiler, der hier selbst vor Jahren studiert hat. „Der Marstall am Welfenschloss zum Beispiel war wesentlich größer. Der Westflügel wurde 1960 fast komplett abgerissen." Heute nutzt die Universitätsbibliothek den verbliebenen Teil. Der Stall in der Appelstraße befindet sich jedoch noch weitgehend im Originalzustand, und deshalb arbeiten die Studenten drinnen neben Tränken und Halteringen.

Sogar im Gebäudeinneren befinden sich noch Ringe!

Daran, dass es offenbar nicht nur Ställe für die Pferde der Ulanen gegeben hat, lässt sich ablesen, dass Hannover eine Stadt mit großer Pferdetradition ist – die Warmblutrasse „Hannoveraner" wurde bereits seit dem 16. Jahrhundert gezüchtet. Überhaupt ist die Nordstadt reich an Zeugnissen der traditionellen Liebe zum Pferd, die man sich in Hannover bis heute bewahrt hat. Sicher, auch andere Stadtteile können historische Bezüge zur Reiterei aufweisen: die Reithalle der Dragoner in Vahrenwald („Königliches Militär-Reit-Institut zu Hannover") zum Beispiel oder die Tierärztliche Hochschule, die 1778 als „Roß-Arzney-Schule" gegründet wurde. Aber eine Pferdetränke, die die Verdrängung der

Pferde durchs Automobil überstanden hat, findet man nur in der Nordstadt. Ulrich Seiler zeigt die Tränke neben der Lutherkirche, die als kleine Besonderheit auch noch eine Trinkmöglichkeit für Hunde aufweist. Um 1900, berichtet er, stand ein ähnliches Modell in der Nähe der Christuskirche.

Details wie die Tränke und die eisernen Ringe in der Appelstraße zeugen von zwei großen Traditionen der Pferdezucht, der welfischen und der preußischen. Die Welfen züchteten neben den Hannoveranern auch die seltenen „Herrenhäuser Weißgeborenen", Schimmel, die mit weißem Fell und weißen Hufen zur Welt kommen. Als 1866 das Königreich Hannover von Preußen annektiert wurde, übernahmen die neuen Machthaber die Kavallerieregimenter und führten die stolze Tradition fort. Um 1890 wurde dem 1. Hannoverschen Königs-Ulanenregiment Nr. 13 durch Kaiser Wilhelm II. (1859–1941) das exklusive Recht verliehen, „die alten Präsentier- und Parademärsche der ehemaligen hannoverschen Garde du Corps bei besonderen Anlässen auszuführen". Diese Aufmärsche fanden unter anderem auf dem Gelände zwischen Callin- und Appelstraße statt, die bis zum Zweiten Weltkrieg noch Militärstraße hieß. Die Nationalsozialisten knüpften an die Pferdetradition an; aus der Zeit stammt unter anderem der ehemalige Pferdekrankenstall in der Callinstraße, der nun auch der Universität gehört.

„Das Pferd stammt eigentlich aus einer Skulpturengruppe. Es kämpft gegen einen Löwen, was die unentspannte Körperhaltung erklärt. Mit dem sich aufbäumenden Wappentier, dem Niedersachsenross, hat es jedenfalls nichts zu tun."

Das Hauptgebäude der Universität steht noch heute im Zeichen der Pferde, denn direkt vor dem ehemaligen Schloss befindet sich das prächtige Denkmal eines sich aufbäumenden Pferdes von Friedrich Wilhelm Wolff (1814–1887). Es war noch 1866 von Georg V. bestellt worden, wurde aber erst beim Einzug der Universität 1879 aufgestellt. „Das Pferd stammt eigentlich aus einer Skulpturengruppe", erzählt Ulrich Seiler. „Es kämpft gegen einen Löwen, was die unentspannte Körperhaltung erklärt. Mit dem sich aufbäumenden Wappentier, dem Niedersachsenross, hat es jedenfalls nichts zu tun." Immer wieder wird das Ross Opfer von studentischem Unfug; alle paar Jahre wird das Gemächt rot angepinselt. Und die seltsame Affäre um den entführten goldenen Keks der Bahlsen-Fabrik fand am Pferd ihr Ende. Der Keks baumelte eines Morgens an seinem Hals.

Und noch ein weiteres Hannover-Geheimnis rankt sich um dieses Tier: Man erzählt sich, es hätte keine Zunge, und der Bildhauer hätte sich, als er auf den Fehler hingewiesen wurde, aus Scham das Leben genommen. Eine dramatische Geschichte, aber frei erfunden: Friedrich Wilhelm Wolff ist 1887 eines natürlichen Todes gestorben, auch hat das Pferd sehr wohl eine Zunge – nur sieht man sie von unten nicht. Steigt man auf eine Leiter, wie es immer wieder neugierige Studenten gemacht haben, entdeckt man sie.

Das Pferdestandbild vor der Universität.

Übrigens kursiert über das Pferd noch eine weitere Fehlinformation: Immer wieder wird der Bildhauer *Albert* Wolff (1815–1892) als Schöpfer genannt. Dieser hat aber das Pferd vor dem Bahnhof gestaltet, nicht das Ross vor der Uni.

Und noch ein letzter Irrtum über das Tier muss ausgeräumt werden, der bis heute von Studenten der Leibniz-Universität verbreitet wird: Das Denkmal wurde nicht errichtet, um zu warnen, dass im dahinterliegenden Gebäude „was vom Pferd erzählt" wird.

Ekkehard Oehler-Austin

So geht's zu den Eisenringen:

Der ehemalige Pferdestall liegt in der Appelstraße 9a. Die Eisenringe sind auf der Südseite angebracht.

Die heute deplatziert wirkende Gartenmauer.

39 Mauer

Auch Linden hatte einen Großen Garten!

Warum steht auf der Wiese neben dem Schnellweg eine schmucke helle Mauer, die ganz offensichtlich sehr alt ist, aber keine erkennbare Funktion hat?

Wenn man sich einmal klarmacht, dass nach dem Zweiten Weltkrieg beinahe genauso tiefgreifende Eingriffe in das Stadtbild von Hannover stattfanden wie durch die Weltkriegsbomben, kommt man der Lösung näher. Man nahm die Kriegszerstörungen zum Anlass, eine moderne Verkehrsführung mit hohen Kapazitäten zu bauen, wozu auch die ringförmig um die Stadt führenden Schnellwege gehören. Eine stattliche Anzahl an Bauwerken und Grünflächen wich den Straßen. Man kann das bedauern, aber sicher wäre die Stadt heute bereits dem Verkehrskollaps erlegen, wenn diese vorausschauenden Maßnahmen nicht getroffen worden wären. Dem „Spiegel“ waren diese stadtplanerischen Eingriffe sogar eine Titelstory wert: „Das Wunder von Hannover“ war der Aufmacher im Juni 1959.

Auch die alte Mauer aus Fischrogen-Sandstein ist ein Opfer des Straßenbaus. Zwar fiel sie selbst ihm nicht zum Opfer, aber das, was sie einst umschloss, ist zum Teil dem Schnellweg und dem Kreisel gewichen: der Von-Alten-Park, der heute jenseits des Schnellwegs beginnt.

Er ist ein Zeugnis der vorindustriellen Geschichte des Ortes, und tatsächlich hat die Arbeiter- und Industriestadt Linden auch eine feudale Vergangenheit. Seit 1280 hielt die Familie von Alten Lehen in Linden, so besaß sie auf dem Gelände des heutigen Gartens ein Gut. Dieses wurde 1688 an den Hofmarschall Franz Ernst von Platen (1631–1709) verpachtet, der darauf 1692 ein Lustschloss errichtete. Der Park wurde gleichzeitig mit dem Schloss als artifiziell gestalteter Barockgarten angelegt und war zeitweilig eine echte Konkurrenz zu Herrenhausen – der berühmte Herrenhäuser Barockgarten wurde erst 1710 weitgehend vollendet! Im Garten des von Platenschen Schlosses wurden Fischteiche, Orangerien, Fontänenteiche und Beete für Spargel und Artischocken angelegt. Pferdeställe, Brauerei, Gewächshaus, Meierei, Kapelle – an nichts fehlte es. Das aus Holz konstruierte Schloss brannte aber im Zweiten Weltkrieg bis auf das steinerne Kellergewölbe nieder, sodass nur noch dessen Mauern und die Terrasse zu sehen sind.

Vor der Schlossterrasse befinden sich Reste der im 19. Jahrhundert angelegten Grotte; man kann noch Überbleibsel von Statuen erkennen, die antike Götter darstellten.

Nach dem Tod des Grafen von Platen 1709 wurde nach und nach die extrem aufwändige Gestaltung des Gartens als Barockgarten aufgegeben. Es entstand ein Landschaftspark mit Rasenflächen und Bäumen, die Orangerien und Boskette verschwanden, und man erlaubte der Bevölkerung, sich im südlichen Teil zu ergehen. Nach zwei Generationen der von Platens ging das Gelände wieder in den Besitz der Familie von Alten über, die ab 1871 einige Areale zur Bebauung freigab. 1927 wurde das Schloss samt Garten jedoch unter Schutz gestellt, sodass die Anlage nicht mehr ohne große Schwierigkeiten als Bauland genutzt werden durfte. 1961 kaufte die Stadt Teile des Gartens, seit 1997 gehört er ihr ganz.

Andreas Ackermann ist Landschaftsarchitekt und Vorsitzender des Fördervereins „Von-Alten-Garten“. Er hat die Aufwertung des verwilderten Bereiches nördlich der Schlosstreppe geplant und umgesetzt. „Völlige Wildnis herrschte hier", erzählt er, „wir mussten erst einmal einen Wald aus wilden Nadelbäumen roden. Der Boden war in schlimmem Zustand." Die landschaftsgärtnerischen Maßnahmen haben Wirkung gezeigt. So kann man heute den herrlichen Baumbestand und die verschiedenen liebevoll gepflegten Blumenbeete bewundern und stößt auf historische Zeugnisse, die aus einer Zeit vor der Industrialisierung und vor der Residenznahme der Welfen in Hannover (1636) stammen. Zum Beispiel das Hundeloch, eine alte Gerichtsstätte. Linden war seit spätestens 1119 Gerichtssitz, zunächst der des Grafen Wittekind von Schwalenbach. Deutlich erkennt man noch den Grundriss dieser alten Gefängniszelle, und auch das in Kniehöhe angebrachte Gitterfenster ist noch erhalten. Man kann sich gut vorstellen, dass die Gefangenen sich wie ein Hund ins Loch geworfen fühlten. Das genaue Alter des Hundelochs scheint nicht mehr zu ermitteln zu sein; unter den von Platens war es jedenfalls immer noch in Betrieb! Das Hundeloch ist eines der wenigen Objekte, die noch an ihrem ursprünglichen Ort stehen. Vieles ist aus den Teilen des Parks, die dem Straßen- oder Wohnungsbau gewichen sind, hergebracht worden oder wurde schon unter den adeligen Inhabern neu arrangiert. Das Team von Andreas Ackermann hat ein neues Wegenetz angelegt und die heutigen Zugänge gestaltet, indem es die alten Tore versetzen ließ. Auf der Wiese südlich des Schlossgrundstücks wurde eine Liegewiese angelegt. Auf ihr stehen auch zwei Mühlsteine. Sie könnten aus dem Lindener Turm stammen, der ja zeitweilig eine Windmühle war, meint Andreas Ackermann, oder sie gehörten zur Ölmühle, die einst im Von-Alten-Garten stand. Auf der Wiese haben die Mitglieder des Fördervereins Apfelbäume gepflanzt und sich dabei von den Namen der alten Sorten leiten lassen. „Royale und profane Sorten", sagt Ackermann augenzwinkernd. Prinzenapfel, Kaiser Wilhelm, Früher Victoria und Echter Prinz repräsentieren den Adel, Celler Dickstiel, Roter Papenburger und Uelzener Rambur die Bürger. Welche Fraktion besser gedeiht, ist noch nicht auszumachen, aber den Lindener würde es wundern, wenn es der Adel wäre.

„Völlige Wildnis herrschte hier. Wir mussten erst einmal einen Wald aus wilden Nadelbäumen roden. Der Boden war in schlimmem Zustand."

Und die alte Mauer am Schnellweg? Die begrenzte einst den Garten nach Süden. Vor der Mauer wurde am Hang Bienenwachs in der Sonne gebleicht, um edles helles Wachs zu erhalten, so wie sie es aus den immer neidisch beäugten französischen Höfen kannten. Die Mauer besteht aus Fischrogen-Sandstein, der aus dem Lindener Berg stammt. Es könnte sein, sagt Andreas Ackermann, dass der Zement, dessen Grundlage ja gebrannter Kalk ist, tatsächlich in Linden erfunden wurde. Unstrittig ist jedenfalls, dass mit dem Abbau von diesem Kalk die Industriegeschichte Lindens begann. Johann Egestorff (1772–1834), der „Kalkjohann", machte damit ein Vermögen und legte den Grundstein für den von seinem Sohn Georg (1802–1868) gegründeten Weltkonzern, die spätere Hanomag. Dieser wiederum war ein Grund für die heftige Bombardierung Lindens im Jahre 1943, die den Brand des Schlosses verursachte und Teile des Gartens so zerstörte, dass man einen Schnellweg hindurchbauen konnte. Weshalb die Kalkmauer jetzt einsam auf der Wachsbleiche steht. So schließt sich der Kreis.

Andreas Ackermann am Hundeloch.

Der Von-Alten-Garten aber ist heute, nicht zuletzt dank Andreas Ackermann und seinen Mitstreitern, zu einem beliebten Erholungspark der Lindener geworden – und zwar für alle, nicht nur für den Adel.

Ekkehard Oehler-Austin

So geht's zur Mauer:

Die Mauer verläuft parallel zur Straße „Wachsbleiche". Der jetzige Hauptzugang zum Von-Alten-Garten befindet sich in der Posthornstraße, etwa 100 Meter vom Lindener Marktplatz entfernt. Der Teil nördlich der Schlosstreppe wird nachts abgeschlossen!

40

Eisenschienen

Mit Hochdruck gegen Wassermassen

Die Geschichte dieser beiden Eisenschienen, die, spitz aufeinander zulaufend, in der Düsternstraße liegen, führt 70 Jahre in die Vergangenheit. Es ist eine Geschichte von Kälte, Hunger und Leid. Von Rettungsbooten, die durch Hannovers Straßen (!) fuhren, und Fahrgästen der Straßenbahn, die von deren Dach gerettet werden mussten. Es ist aber auch eine Geschichte von Kindern, die im Treppenhaus Papierschiffchen schwimmen lassen, und von Bürgern, die Zinnbadewannen zu Booten umwidmen.

Februar 1946: Die Menschen frieren. Der Krieg ist vorbei, das Leid nicht. Zwar pfeifen keine Kugeln mehr, aber die Stadt ist schwer zerstört, immer wieder stürzen Ruinen ein, Nahrungsmittel sind knapp, in unzähligen Familien gibt es einen oder mehrere Trauerfälle. Die Briten haben die Stadt besetzt und der britische Militärberichterstatter Leonard O. Mosley schreibt: „Hannover glich eher einer Wunde im Erdreich als einer Stadt." Es gilt, Trümmer zu räumen, sechs Millionen Kubikmeter. Wiederaufzubauen. Die Menschen schuften. Und dann kommt der Regen. Unendlich viel Regen. Da der Boden gefroren ist, kann das Wasser nicht versickern. Leine und Ihme treten über die Ufer. „Die Stadt war ein riesiger See", schildert Klaus Eichstaedt, der damals zwar erst zwei Jahre alt war, das Ereignis jedoch aus zahlreichen Erzählungen kennt. Zwei Menschen – in anderen Quellen heißt es, es seien drei gewesen – sterben, der Verkehr kommt zum Erliegen. „Das war nicht nur einfach Hochwasser, das war ein reißender Strom", berichtet Klaus Eichstaedt. „Die Leute, die in der Straßenbahn saßen, mussten baden gehen, manche sind auch auf das Dach geklettert und mussten dort warten, bis sie mit Rettungsbooten gesichert wurden." Tiere ertrinken und treiben durch die Fluten.

„Das war nicht nur einfach Hochwasser, das war ein reißender Strom."

Nur die Kinder können der Situation auch etwas Lustiges abgewinnen. Klaus Wolandewitsch erinnert sich in der Publikation

Zahlreiche Menschen gehen oder fahren über diese Schienen, ohne sie wahrzunehmen. Klaus Eichstaedt kennt ihre Bestimmung.

„50 Jahre Ricklinger Deich 1954 – 2004“ an einen Nachbarn, der versuchte, „einen Kleiderschrank, ein anderer eine Zinkbadewanne als Boot zu benutzen“. Beide seien allerdings gekentert.

Und dann fließt das Wasser wieder ab. Die so gebeutelte, die so zerstörte Stadt, ist noch verwundeter. Eine dicke Schlammschicht liegt über allem. Die neuen Wunden kann sie nicht verdecken. Nicht die Risse im Asphalt. Nicht die Spuren an den Gebäuden, die dem Bombenhagel standhielten, um nun vom Wasser beschädigt zu werden. „Für den Wiederaufbau war das eine Katastrophe“, schildert Klaus Eichstaedt, der sein ganzes Leben in der Stadt verbracht hat. Erst als Junge, dann 25 Jahre lang als Hausmeister des Neuen Rathauses und nun als Rentner und doppelter Großvater.

Ganz besonders in Mitleidenschaft gezogen wird der Stadtteil Ricklingen, „da gab es bis dahin noch überhaupt gar keinen Hochwasserschutz“, erzählt Klaus Eichstaedt. Und schon 1947 folgen neue schlimme Überschwemmungen. Deshalb wird in den 1950er-Jahren ein Damm errichtet. „Damit man den Deich irgendwie passieren kann, wird an der Düsternstraße ein Tor eingebaut, an dem sich auch Hochwassermarken befinden“, sagt der Pensionär. Aus zwei Flügeln besteht es und es wiegt 1,5 Tonnen. „Das Tor ist meistens offen“, berichtet Klaus Eichstaedt. Kaum jemand von den vielen Menschen, die hier tagtäglich hindurchgehen, beachte die beiden Eisenschienen, die zwischen den Dammwällen verlaufen. „Auf diesen Schienen stehen die Flügeltüren, wenn sie geschlossen sind“. „Sie laufen spitz aufeinander zu, weil die Türflügel dann bei hohem Wasserdruck fest aneinandergepresst werden und nicht aufbrechen können.“

Selbst wenn die Flüsse also einmal über die Ufer treten sollten: In die Verlegenheit, in Badewannen Boot fahren zu müssen, dürfte heute kein Hannoveraner mehr kommen.

Eva-Maria Bast

So geht's zu den Eisenschienen:

Die Schienen befinden sich am Ende der Düsternstraße im Stadtteil Ricklingen. Sie verlaufen zwischen den beiden Dammwällen.

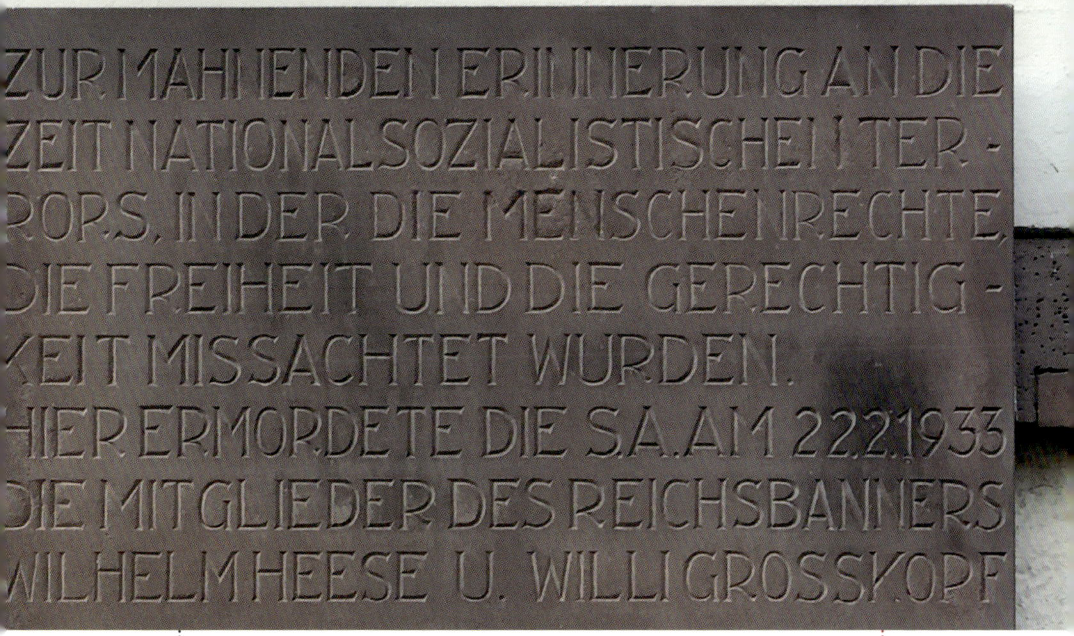

Die Gedenktafel erinnert an die tragischen Ereignisse vom Februar 1933.

41

Gedenktafel

Beginn einer düsteren Zeit

Am 22. Februar 1933 starben Willi Grosskopf (1910–1933) und Wilhelm Heese (1890–1933). Beide wurden ermordet. Die Schüsse fielen aus dem Hinterhalt, aus der Eilenriede. Die Angreifer waren Anhänger der Nationalsozialisten, die Ermordeten Genossen der SPD, Mitglieder des Reichsbanners, das die demokratische Verfassungsordnung in Deutschland verteidigen und stärken wollte. „Das Ereignis“, sagt Hannovers einstiger Oberbürgermeister Herbert Schmalstieg, „bildete den tragischen Höhepunkt im Wahlkampf der Reichstagswahlen 1933.“ Daran erinnert eine Gedenktafel, die er zu Beginn seiner Amtszeit 1976 am Lister Turm anbringen ließ.

Als Adolf Hitler am 30. Januar 1933 zum Reichskanzler ernannt wird und, wie die Nationalsozialisten es nennen, „die Macht ergreift", ziehen auch in Hannover Menschen – etwa 5000 – mit Fackeln durch die Stadt. Und am 19. Februar marschieren SA, SS und Hitlerjugend ins „rote Linden", was die reinste Provokation ist. Der Reichstagsabgeordnete Berthold Karwahne (1887–1957) schwingt große Reden: Die Arbeiter sollten sich doch dem „Arbeiter Adolf Hitler" anschließen, lautet seine Empfehlung. Kaum sind die Braunen abgezogen, formieren sich rund 45.000 Menschen zu einer Gegendemonstration der Eisernen Front. Bei der Eisernen Front handelt es sich um einen Zusammenschluss des Reichsbanners, des Allgemeinen Deutschen Gewerkschaftsbundes, des Allgemeinen freien Angestelltenbundes, der SPD und des Arbeiter Turn- und Sportbundes. Ziel des Zusammenschlusses ist der Widerstand gegen den Nationalsozialismus. Die Demonstration steht unter dem Motto „Hannover bleibt rot". Auf einem Flugblatt ist zu lesen: „Der dröhnende Schritt von Zehntausenden von Männern und Frauen des schaffenden Volkes soll allen Hand- und Kopfarbeitern ins Bewusstsein hämmern, daß es um die Freiheit geht."

„Das Ereignis bildete den tragischen Höhepunkt im Wahlkampf der Reichstagswahlen 1933."

Und dann kommt der 22. Februar 1933 – in anderen Quellen ist die Rede davon, dass die Ereignisse sich bereits am 21. Februar abgespielt haben: In der Gaststätte Rahlfs in Bothfeld findet eine Wahlkundgebung statt. Etwa 80 bis 100 in Zivil gekleidete SA-Männer stören die Veranstaltung. Im Ausstellungsbegleitbuch „Hannover 1933 – eine Großstadt wird nationalsozialistisch" ist der Vorfall genau beschrieben. Dort steht, dass die Männer sich „schließlich auf Kommando erhoben, Armbinden mit dem Hakenkreuz anlegten und die übrigen Teilnehmer tätlich angriffen". Elf Menschen werden verletzt. „Danach zogen sie weiter zum Lister Turm, auch hier fand eine SPD-Versammlung statt", sagt Herbert Schmalstieg. Doch die Männer werden nicht eingelassen, man ruft einen aus etwa 50 Mann bestehenden Reichsbannertrupp zur Verstärkung. Die Nationalsozialisten verstecken sich in der Eilenriede und eröffnen das Feuer, als der Trupp den Wald passiert. Ihre Schüsse treffen 19 Männer. Zwei von ihnen sterben.

Das sind der 23-jährige Dreher Willi Grosskopf, er wird durch einen Schuss in den Rücken getötet. Und der Arbeiter Wilhelm Heese, der ebenfalls von hinten erschossen wird. Sechs Tage zuvor hatte er noch seinen 43. Geburtstag gefeiert. Möglich ist, dass sich die Vorfälle am 21. Februar ereigneten, und die Männer am 22. Februar ihren Verletzungen erlagen.

Herbert Schmalstieg blickt zur Tafel für Wilhelm Heese und Willi Grosskopf empor.

Der Trauerzug für die beiden Ermordeten wurde zu einer letzten großen Demonstration der Arbeiterschaft in Hannover. Tausende säumten die Straßen, als die Arbeiter zu Grabe getragen wurden – und protestierten so noch einmal still gegen jene Gewalt und Rechtlosigkeit, die Deutschland in die Katastrophe führen sollten.

43 Jahre später, am 22. Februar 1976, wurde am Lister Turm eine Gedenktafel angebracht, auf der steht: *„Zur mahnenden Erinnerung an die Zeit nationalsozialistischen Terrors, in der die Menschenrechte, die Freiheit und die Gerechtigkeit missachtet wurden. Hier ermordete die SA am 22.2.1933 die Mitglieder des Reichsbanners Wilhelm Heese u. Willi Grosskopf“.*

Dort soll sie jedem, der des Weges kommt oder im Freizeitheim Lister Turm nach Zerstreuung sucht, ihre stille, ihre so wichtige Botschaft mitgeben und zum Frieden mahnen.

Eva-Maria Bast

So geht's zur Gedenktafel:

Die Tafel befindet sich links vom Eingang zum Lister Turm.
Der Lister Turm steht in der Walderseestraße 100.

Dieser kleine Kerl streckt Passanten die Zunge heraus!

42 Fratze

Mahnung oder Abwehrzauber?

Unerhört! Am Alten Rathaus hängt ein steinernes Männlein, das so gar keine Manieren hat! Tagein, tagaus, von morgens bis abends und sogar noch nachts streckt es den Passanten die Zunge heraus! Damit man die beleidigende Geste noch besser sehen kann, reißt es sich mit den Händen den Mund auf, wodurch dieser noch breiter wird. Was hat es mit dem respektlosen kleinen Kerl auf sich?

Er ist, mit Verlaub, ziemlich hässlich, hat Ohren, die eher zu einem Tier zu gehören scheinen, und die Arme wachsen ihm direkt aus dem Kopf. Dazu das fratzenartige Gesicht und die Tatsache, dass es gen Westen in die Himmelsrichtung der Dunkelheit und des Sonnenuntergangs zeigt: All das lässt vermuten, dass es sich um einen Neidkopf handelt. Der Begriff „Neidkopf“ leitet sich vom mittelhochdeutschen Wort „Nid“ ab. Und das steht für Neid, aber auch für Hass und Zorn. Da man davon ausging, dass das Böse aus der Himmelsrichtung des Dunkeln kommt, brachte man die fratzenhaften Köpfe in Richtung Westen an – um das Böse abzuwehren. Diese „apotropäische“, Unheil abwehrende Handlung folgt dem Grundsatz „Gleiches gegen Gleiches“. Will heißen: Dämonen kann man durch Dämonen abwehren.

In Hannover gibt es aber auch die Sage, bei der Fratze handle es sich um ein versteinertes Kindergesicht: Ein frecher kleiner Junge soll im Mittelalter immer wieder die Richter verspottet haben, die unter der angrenzenden Gerichtslaube ihre Urteile sprachen. Eines Tages habe ein Richter gesagt, dass der Junge, wenn er nicht aufhöre, noch zu Stein werde. Genau das, so die Sage, sei dann auch geschehen.

Heidi Merk, einstige Justizministerin des Landes Niedersachsen, hat noch eine andere, weitaus weniger sagenhafte Erklärung: „Das könnte auch eine Mahnung sein für diejenigen, die über andere herziehen, die Klatsch verbreiten: Passt auf, dass es euch nicht eines Tages genauso geht!“ Warum diese Mahnung ausgerechnet an dieser Stelle angebracht ist? Eben weil sich ein paar Meter weiter die bereits erwähnte Gerichtslaube befindet, ein überdachter Vorbau, unter dem im Mittelalter Gericht gehalten wurde. „Dass das Gericht im Freien abgehalten wurde, war damals üblich, dass die Richter und die Geschworenen unter einem überdachten Bereich saßen, war sehr fortschrittlich“, kommentiert Heidi Merk. Das Publikum wohnte den Verhandlungen auf dem Platz vor dem Alten Rathaus bei. Von dort aus konnte es sowohl die Richter sehen als auch das Männlein, das ihnen die Zunge herausstreckte. Die Zuschauer, so Heidi Merks Interpretation, könnte es gemahnt haben, nicht allzu hämisch über den Verurteilten zu spotten – schnell könnte man schließlich selbst in die Verlegenheit geraten, vor Gericht zu stehen. Und das war im Mittelalter äußerst unangenehm: Damals gab es noch die Methode der „peinlichen Befragung“, das heißt, dass ein Geständnis unter Folter erzwungen werden konnte – manch einer gestand, damit die Pein ein Ende hatte. Doch kaum aus der Folter entlassen, ging es meist schlimm weiter: Typische Urteile im Mittelalter lauteten auf Hängen, Köpfen, Ertränken, Rädern oder Tod auf dem Scheiterhaufen. 1530 wurde in Hannover sogar eine Frau bei lebendigem Leib begraben. Besonders schlimm war das „Rädern“. Dabei wurden dem Verurteilten alle Knochen gebrochen, anschließend wurde er auf ein Rad geflochten. Da blieb einem Delinquenten nur zu hoffen, dass er einen hochgestellten Fürsprecher fand. Die konnten nämlich durchaus ein Urteil mildern oder gar abwenden.

Heidi Merk lächelt das Männlein an – obwohl es ihr die Zunge rausstreckt. Freundlichkeit siegt!

Und wer vor dem Stadtgericht stand, hatte noch Glück: Selbiges führte keine „peinlichen Befragungen“ durch, das oblag nur dem Vogteigericht.

Die Vollstreckungen fanden allerdings nicht in der Stadt, sondern vor deren Toren statt. Und auch sie zogen enorm viele Menschen an. Ein Männchen, das die Zunge rausstreckt, befand sich am Richtplatz wohl nicht. Aber da hätte ihm auch niemand Beachtung geschenkt: Aller Augen waren auf das Spektakel der Hinrichtung gerichtet!

Vielleicht ist die Fratze am Rathaus ja auch eine Mischung aus beidem: eine Mahnung für die Bürger und eine Abwehrfratze zum Schutze derer, die im Rathaus tagten. Das Stadtgericht zum Beispiel bestand aus zwölf Ratsherren und vier Geschworenen. Der Verurteilte und seine Angehörigen waren den Urteilenden sicherlich nicht allzu wohl gesonnen. Nicht ausgeschlossen, dass der eine oder andere einen bösen Blick auf das Rathaus warf – der dann von dem fratzenhaften Männlein geschickt abgefangen und durch die rausgestreckte Zunge vielleicht sogar noch mit einem stummen „selber schuld“, kommentiert wurde.

Eva-Maria Bast

So geht’s zur Gerichtslaube und zur Fratze:

Gerichtslaube und Fratze befinden sich an der Seite des Alten Rathauses, die zur Köbelinger Straße hin zeigt. Die Gerichtslaube ist an der Ecke in Richtung Marktkirche zu finden, die Fratze hängt einige Meter weiter östlich.

Klaus-Peter Fuhrmann untersucht das Steinmetzzeichen.

43

Steinmetzzeichen

Lohn und Ehre

Ein Y? Wer sollte diesen Buchstaben in die Mauer neben dem Eingang zur Kreuzkirche einmeißeln? Irgendjemand hat das offensichtlich getan, denn das Initial befindet sich deutlich sichtbar links neben dem Hauptportal. Aber ist es wirklich ein Y? Schließlich gehen vom senkrechten Mittelstrich ganz unten ein waagerechter Strich nach rechts und einer, in der Mitte des senkrechten Strichs, nach links. „Das ist kein Buchstabe", sagt Klaus-Peter Fuhrmann, der in Hannover als Stadtführer arbeitet. „Aber ein Initial ist es in gewissem Sinne schon: Es handelt sich um ein Steinmetzzeichen." Diese Zeichen waren sozusagen die individuellen Signaturen der Steinmetze und dienten der Abrechnung: Ein Steinmetz stapelte die Quader, die er behauen hatte, und versah die obere Reihe mit seinem Steinmetzzeichen. So konnte der Meister am Zahltag genau erkennen, welcher Stapel zu welchem Steinmetz gehörte, wie viele Steine er gehauen hatte, und ihn nach Stück bezahlen. Jeder Lehrling einer Bauhütte bekam nach seiner fünfjährigen Ausbildung ein solches Steinmetzzeichen, das er wohl selbst entwerfen durfte und das nicht mehr geändert werden konnte. Manche Quellen sagen, dass sich die Steinmetzzeichen einer Bauhütte allesamt ähnelten und voneinander abgeleitet wurden. Dadurch habe man erkennen können, wo ein Steinmetz – die Angehörigen dieses Berufsstandes gingen viel auf Wanderschaft – gelernt hatte.

Ein merkwürdiges Zeichen an der Kreuzkirche.

„Bei schweren Verstößen gegen die Bruderschaft" habe das Steinmetzzeichen aufgehoben werden können, schreibt Alfred Schottner in einer Abhandlung über die mittelalterlichen Dombauhütten. Darin erklärt er auch: „Das Zeitalter der etwa von 1250–1500 andauernden ‚himmelsstürmenden Gotik' war zugleich die hohe Zeit der Steinmetzzeichen. An den aus jener Epoche noch vorhandenen Bauwerken sind sie zu Hunderten abzulesen, wobei die Stabform mit Abzweigen bzw. Ästen vorherrscht." Also genau so ein Zeichen, wie es an der Kreuzkirche zu finden ist. Und auch das passt zu dem Zeichen in Hannover: „Sie sind keilförmig eingeschlagen und an den Enden prismatisch abgeschlossen." Übrigens: Wurde ein Steinmetz zum Meister, durfte er sein Zeichen in ein Wappen setzen – und wenn die Nachfahren ebenfalls Baumeister waren, übernahmen sie das Wappen meistens. Durch derartige Kennzeichnungen war es möglich, das Wirken einer Baumeisterfamilie über viele Jahrhunderte hinweg zu verfolgen, zumal diese sich oft stolz selbst ein Denkmal setzten, indem sie das Wappen deutlich sichtbar, zum Beispiel auf Schlusssteinen, anbrachten. Deshalb sind solche Wappen – und auch ganz einfache Steinmetzzeichen – für die Erforschung von Bauwerken von großer Bedeutung. Das würde man der Y-artigen Einkerbung an der Kreuzkirche gar nicht ansehen. Wer würde denken, welch große Geschichte hinter diesem kleinen Ding steckt?

Eva-Maria Bast

So geht's zum Steinmetzzeichen:

Das Steinmetzzeichen befindet sich links des Eingangs zur Kreuzkirche. Die Kreuzkirche steht in der Kreuzstraße in der Nähe des Ballhofplatzes.

Hans Werner Dannowski liebt das Haus in der Kaiser-Wilhelm-Straße 1.

44

Villa Fernblick

Vom Hundeschmaus zum Augenschmaus

Was Hundekuchen mit der Kaiser-Wilhelm-Straße und ihren prachtvollen Gebäuden zu tun hat? Als der langjährige Stadtsuperintendent der evangelisch-lutherischen Kirche in Hannover, Hans Werner Dannowski, 1998 in den Ruhestand ging, zog er in eben jene Kaiser-Wilhelm-Straße und stieß dabei auf die Sache mit dem Hundekuchen. Zunächst jedoch befasste er sich mit einer anderen Frage: Warum die Kaiser-Wilhelm-Straße heißt, wie sie heißt. Die Suche nach der Antwort führte ihn dann zu den wunderschönen Gebäuden der Kaiser-Wilhelm-Straße – und zu Johannes Kühl. Einem Mann, von dem der ehemalige Pastor sagt, dass er ein Patriarch gewesen sei, einer, „der die Würde und das Selbstbewusstsein eines erfolgreichen Geschäftsmannes“ besessen habe.

„Dieser Johannes Kühl wurde 1852 auf der Insel Fehmarn geboren und kam über Lübeck und Hamburg nach Hannover, wo er zunächst eine Hundekuchen-Fabrik gründet hat“, erzählt Hans Werner Dannowski.

Schauen wir uns die Situation im Reich in jener Zeit einmal genauer an: Keine 20 Jahre ist der junge Kühl alt, als zwischen Deutschland und Frankreich 1870/71 der Deutsch-Französische Krieg tobt. Eine entscheidende Rolle in diesem Krieg spielt der preußische Ministerpräsident Otto von Bismarck (1815–1898). Er strebt die Erweiterung des Norddeutschen Bundes zum Deutschen Kaiserreich an – mit dem mächtigsten Bundesfürsten als Kaiser: Wilhelm I., König von Preußen. Ein Vorhaben, das gelingt. Bismarck wird Reichskanzler, der Deutsch-Französische Krieg endet 1871 mit dem Frieden von Frankfurt.

„Im Nachlass von Johannes Kühl gibt es ein Foto, auf dem der Kaiser abgebildet ist, wie er ins Schiff steigt. Und Johannes Kühl steht daneben.“

„Die Folge dieses Krieges ist eine ziemliche Deutschtümelei“, sagt Dannowski. Und deshalb heißt Johannes Kühls Fabrik natürlich auch nicht einfach nur „Hundekuchen-Fabrik“, sondern „Deutsche Hundekuchen-Fabrik.“ Die Fabrik floriert, was nicht zuletzt daran liegen mag, dass es in diesen Tagen als vornehm gilt, einen Hund zu halten. „Das war Ausdruck eines bürgerlichen Bewusstseins“, führt Dannowski aus. Es gibt sogar so genannte „Reichshunde“ – denn Otto von Bismarck taucht beim Berliner Kongress im Jahre 1878 höchstselbst mit einer Dogge auf – er sollte im Laufe seines Lebens mehrere besitzen.

Es läuft gut für Kühl, so gut, dass er seine Fabrik in den 1890er-Jahren an eine englische Firma verkaufen kann – für 100.000 Goldmark. Mit dem Geld kauft er Bauland im hannoverschen Stadtteil Kirchrode. „Er hat festgestellt, dass er ein Talent für Architektur hat“, erzählt Dannowski. „Er hat sich Architektur-Zeitschriften aus der

Schweiz besorgt, der Stil hat ihm wohl gefallen. Daraus hat er die Pläne für seine Häuser entwickelt und sie gemeinsam mit Bauunternehmern gebaut." In den meisten der zahlreichen von ihm erschaffenen Häuser lebt er selbst für kurze Zeit, wenn sie fertiggestellt sind. „Er hat das ‚trockenwohnen' genannt", schmunzelt Dannowski. Nicht nur für diese Art des Wohnens prägt Johannes Kühl ein Wort – er tauft auch das Areal, in dem seine Häuser stehen, selbstbewusst „Kühlshausen". Besonders beeindruckend findet Hans Werner Dannowski das Gebäude in der Kaiser-Wilhelm-Straße 1: „Es ist imposant und wirkt wie eine Burg", meint er. Hier lebt Johannes Kühl am Ende seines Lebens, das bis 1943 dauert, selbst – und das nicht nur, um es „trockenzuwohnen", sondern für eine längere Dauer. Und 1956 eröffnet sein Enkel Christoph dort eine Galerie.

Die Villa des Johannes Kühl.

Auf diese Familie Kühl also stieß Hans Werner Dannowski, als er sich der Frage widmete, warum die Straße, in der er lebt, Kaiser-Wilhelm-Straße heißt. Denn: „Die Kaiser-Wilhelm-Straße hat ihren Namen wohl Johannes Kühl zu verdanken", sagt der einstige Stadtsuperintendent, der sich mit den Nachfahren von Johannes Kühl unterhalten hat. „Sie erzählten mir, dass sich Johannes Kühl die Genehmigung, die Straße nach dem Kaiser zu benennen, von seiner Majestät selbst geben ließ." Geschehen sei dies, als Wilhelm II. in Blankenese in sein Flaggschiff steigen wollte. Dannowski hält die Geschichte für glaubhaft: „Im Nachlass von Johannes Kühl gibt es ein Foto, auf dem der Kaiser abgebildet ist, wie er ins Schiff steigt. Und Johannes Kühl steht daneben." Die beiden anderen Varianten, die um die Geschichte kursieren, wie die Kaiser-Wilhelm-Straße zu ihrem Namen kam, findet er hingegen unwahrscheinlich. Variante 1: Als Kaiser Wilhelm II.,

Enkel des ersten deutschen Kaisers, noch kein Kaiser, sondern ein junger Prinz war, ritt er an einem regnerischen Tag durch eben jene Straße und fiel vom Pferd. „Ich glaubte das schon nicht, bevor ich die Geschichte von Johannes Kühl gehört hatte", sagt Hans Werner Dannowski und begründet das auch: „Der Kaiser liebte die Sonne und sein Einzug in die Stadt sollte prunkvoll sein. Bei Regen hätte er abgesagt. Als junger Prinz hat er da wohl kaum anders drüber gedacht." Variante 2: Wilhelm II. sei nach dem Besuch eines Manövers auf dem Kronsberg im Jahre 1907 durch die Straße geritten. Tatsächlich, erklärt Dannowski, sei der Kaiser aber mit dem Auto angereist. Erst am Ortsrand von Bemerode sei er aufs Pferd gestiegen. „Außerdem hatte die Kaiser-Wilhelm-Straße ihren Namen schon lange vor dem Manöver, nämlich seit 1897."

Da ist für den einstigen Stadtsuperintendenten die Geschichte mit Johannes Kühl, der Wilhelm II. am Schiff abpasste, wesentlich glaubhafter. Passt sie doch zu diesem findigen Geschäftsmann. Denn ein Viertel, das man nach sich selbst benennt, kann – nach damaligen Begriffen – wohl nur der Name des Kaisers toppen.

Hans Werner Dannoski lebt gerne in der Straße mit dem großartigen Namen. Aber nicht wegen des Namens, sondern deshalb, weil er einen solch schönen Blick auf die Bauten des Johannes Kühl hat. Ein Glück, dass es, als Kühl sein Unternehmen gründete, en vogue war, einen Hund zu haben. Wäre die damalige Gesellschaft nicht so hundefreundlich gewesen, wäre das Unternehmen nicht groß geworden, Kühl hätte es nicht gewinnbringend verkauft, hätte kein Geld gehabt, um Grundstücke zu erwerben und die Kaiser-Wilhelm-Straße sähe heute wohl ganz anders aus.

Eva-Maria Bast

So geht's zur Villa:

Das prachtvolle Bauwerk befindet sich in der Kaiser-Wilhelm-Straße 1 im Stadtteil Kirchrode. Es lohnt auch ein Spaziergang durch die Straße, denn hier stehen mehrere Häuser, die Johannes Kühl entworfen hat.

Das Pumpenhaus am Ricklinger Teich.

45

Pumpenhaus

Wasser für den Maschsee

Wer sich als Gast über Naherholung in Hannover informiert, stellt erstaunt fest, dass der Titel „Grünste Stadt Deutschlands" kein Marketing-Gag ist, sondern absolut zutrifft. Ein Stadtwald, der größer ist als der New Yorker Central Park, der große Komplex der Herrenhäuser Gärten, die bundesweit höchste Anzahl von Schrebergärten pro Einwohner. Doch das Sahnehäubchen ist blau und liegt mitten in der Stadt. Die blaue Perle heißt Maschsee, ist 780.000 qm groß und seit beinahe 80 Jahren das beliebteste Ausflugsziel der Hannoveraner. Man flaniert sonntags am Westufer, betreibt jede Art von Wassersport, joggt oder skatet um den See herum, relaxt im Strandbad oder genießt eine Schiffsrundfahrt. So beliebt der See auch ist – viele Hannoveraner wissen wenig über ihn. Sicher, dass er künstlich angelegt und nur etwa zwei Meter tief ist, weiß man. Dass er in der NS-Zeit angelegt wurde, wissen viele noch, und auch, dass die Pläne für einen See wesentlich weiter zurückreichen. Fragt man dann aber nach einer ganz naheliegenden Sache, beginnt häufig das große Rätselraten: Wo bekommt der Maschsee eigentlich das Wasser her?

Michael Henze liest den Pegel ab.

Da gibt es doch dieses Gebäude, die sogenannte Maschseequelle? Aber ist die nicht trockengelegt? Ja, ist sie.

Doch der Reihe nach: Als der See 1936 ausgehoben war, wurde die Pumpenstation „Maschseequelle" in Betrieb genommen, die über drei Kaskaden Wasser aus der nahen Leine in den See leitete. Doch die zunehmende Umweltverschmutzung machte auch der Leine zu schaffen, und die Wasserqualität des Flusses war in den 60er-Jahren für den Maschsee nicht mehr ausreichend. Die hohe Phosphatkonzentration drohte den sehr flachen See zum Kippen zu bringen. Außerdem konnte er durch die in der Leine mitgeführten Schwebstoffe schnell verlanden. So wurde die Leine als Wasserlieferant außer Dienst gestellt und die „Maschseequelle" versiegte. Aber irgendwo muss der See doch sein Wasser herbekommen! Einer von denen, die dafür sorgen, ist Michael Henze vom Fachbereich Tiefbau,

Brückenerhaltung, Wasserbau und Maschsee. Er hat ein Auge auf den Wasserstand, denn immerhin sinkt je nach Temperatur und Wind der Wasserspiegel um bis zu 1,3 cm täglich, was einer Menge von 10.000 Kubikmetern (10 Millionen Litern!) Wasser entspricht.

Michael Henze zeigt ein unscheinbares kleines Backsteinhäuschen etwa 400 Meter westlich der Maschseequelle. Es steht am Ufer des Ricklinger Teichs, der zu einer großen, im Südwesten der Stadt gelegenen Seenplatte gehört. Dieses wunderschöne Gebiet wird auch scherzhaft Kiesteich-Riviera genannt, da es dort einige nette Badestellen gibt. Die meisten der über 20 Seen sind allerdings eher der Natur überlassen. Biber und Eisvögel leben hier, und es ist fast nicht zu glauben, dass man sich direkt am Rande einer Großstadt befindet. Das Wasser der Kiesteiche ist sauber genug für den Maschsee, und so hat die Stadt in den 60er-Jahren das Pumpenhäuschen errichtet, das aus dem Ricklinger, dem Siebenmeter-Teich und dem Vierthaler Teich Wasser für den See pumpt. Da das 80 Zentimeter dicke Rohr auf seinem Weg zum Maschsee auch die Leine unterquert, musste es in über drei Meter Tiefe verlegt werden – ein gewaltiger Aufwand, aber der Maschsee ist den Hannoveranern jede Anstrengung wert. Die drei gewaltigen Pumpen können jeweils 300 Liter in der Sekunde bewegen, sodass der See meistens schon mit einer einzigen Pumpe ausreichend versorgt wird. Das Rohr mündet neben der alten Maschseequelle im See. Ein Stück nördlich stehen die Bootshäuser. Dort befindet sich auch das wichtigste Messgerät: der Pegel. „53,15 Meter", liest Michael Henze ab. „Ein ganz normaler Wert." Die Höhe des Sees wird nämlich relativ zu Normalnull gemessen – der Maschsee ist natürlich keine 53,15 Meter tief, sondern nur maximal 2,30 Meter.

„53,15 Meter. Ein ganz normaler Wert."

Notfalls können die Beschäftigten vom Fachbereich Maschsee das Wasser auch ganz ablassen; mitten im See befindet sich ein Ablauf. Das war aber bisher nur einmal zu Reinigungszwecken nötig. Gereinigt werden muss allerdings ständig. Vor allem beim Maschseefest im August, der großen Sause, zu der über zwei Millionen Menschen den See besuchen. Oder in harten Wintern, wenn die Eisdecke 13 Zentimeter erreicht und der See zum Schlittschuhlaufen freigegeben wird.

„Dann stehen wir früh morgens mit Brennern hier und schmelzen Glasscherben aus dem Eis heraus", erzählt Michael Henze.

Aber nicht nur für Sport und Freizeit ist der See bekannt, auch kulinarisch ist er zu Bekanntheit gelangt: Die dicken Karpfen, die der Maschseefischer im Herbst aus dem Wasser zieht, sind für viele Hannoveraner eine traditionelle Weihnachtsspeise. Dafür spenden sie im Januar ihre Weihnachtsbäume, die dann am Westufer versenkt werden und als Versteck für Laich und Babyfische dienen.

Auch wenn viele nicht wissen, wo das Wasser herkommt: Für ihren See würden die Hannoveraner wahrscheinlich noch mehr tun, als abgeschmückte Bäume spenden. Immerhin schenken sie ihm ja auch jedes Jahr im August ein Fest mit über zwei Millionen Gästen.

Ekkehard Oehler-Austin

So geht's zum Pumpenhaus:

Das Pumpenhaus befindet sich nahe der Maschseequelle am Westufer an der Kreuzung der Wege Wasserfehdeweg/Am Walle/Am Beekestrand. Der Maschsee liegt mitten in der Stadt. Die mit Autos erreichbare Ostseite, wo man auch parken kann, heißt Rudolf-von-Bennigsen-Ufer.

Michael Krische kniet auf dem Luftschutzgitter nieder.

46

Luftschutzgitter

Vorgesorgt, unterschätzt, untergegangen

Kanaldeckel und Abdeckungen von Lichtschächten: Wie oft werden sie mit Füßen getreten, wie selten schenkt ihnen jemand Beachtung. Dabei lässt sich anhand dieser Abdeckungen zur Unterwelt so viel Geschichte erzählen – tragische, entsetzliche Geschichte teilweise, wie das bei den Abdeckgittern der Lichtschächte an den Gebäuden Ballhofstraße 4 und 6 der Fall ist. Auf den Gitterrändern ist zu lesen: „Mannesmann Luftschutz". Dass es sich um Überbleibsel aus dem Zweiten Weltkrieg handelt, ist schnell erraten. Was sich nicht so leicht erraten lässt und einiges Wissen zur Stadtgeschichte voraussetzt, ist, dass diese Luftschutzgitter mit den darunterliegenden Kellern schon deutlich vor Beginn des Zweiten Weltkriegs entstanden sind, nämlich als im Rahmen der Altstadtsanierung 1936 bis 1938 ein großer Teil der bestehenden Bebauung weichen musste, um neuen Häusern Platz zu machen. „Die baute man dann gleich mit Luftschutzkellern", sagt der Journalist und Autor Michael Krische, der sich viel mit Hannovers Stadtgeschichte auseinandergesetzt hat. „Das zeigt, wie klar schon damals war, dass es zu einem Krieg kommen wird."

Tatsächlich steht der frühe Bau dieser Luftschutzkeller im Widerspruch dazu, wie man sonst in Hannover mit der Gefahr von oben umging: Klaus Mlynek und Waldemar R. Röhrbein schrieben in ihrem Hannover-Geschichtsbuch: „Bis weit in das Jahr 1940 hinein wurde die Gefahr eines Luftkriegs in der Tagespresse bagatellisiert. Hannover hundertprozentig geschützt, so etwa lauteten die Schlagzeilen." Das sollte sich jedoch schnell ändern. Hannover hatte unter den Bombenangriffen unendlich zu leiden. Besonders ins hannoversche Bewusstsein eingebrannt hat sich das Jahr, in dem die ohnehin schon stark zerstörte Stadt zu großen Teilen dem Erdboden gleichgemacht wurde. Dem großen Tagesangriff am 26. Juli folgte die Schreckensnacht vom 8. auf den 9. Oktober 1943, als 430 feindliche Flugzeuge Hannover mit 3.000 Sprengbomben, 28.000 Phosphorbrandbomben und 230.000 Stabbrandbomben bombardierten. Das war dann immerhin schon der 428. Fliegeralarm in der Stadt.

„Manche Hannoveraner gaben sich sogar der Illusion hin, dass die Engländer ihre Stadt wegen des besonderen Verhältnisses zur englischen Krone verschonen würden – schließlich hatten die hannoverschen Welfen von 1714 bis 1837 in Personalunion die britischen Könige gestellt."

Bei alledem saßen die Briten einer Verwechslung auf – zumindest, was den Angriff im Oktober angeht: In einem Bericht des englischen Bomber Command, in dem auch die Motive für den Angriff genannt werden, heißt es: „Es war Hannover, das dem Österreicher Hitler zur deutschen Staatsbürgerschaft verholfen hat. Mit der Absicht, sich Verdienste in den Augen eines potentiellen mächtigen Politikers zu erwerben, hat die Universität von Hannover Hitler einen Professorentitel honoris causa verschafft, mit dem automatisch die von Hitler heiß begehrte deutsche Staatsbürgerschaft verbunden war (...) die Universität und die Bevölkerung von Hannover haben ihre Lektion gelernt." Doch die Einbürgerung Hitlers war gar nicht in Hannover, sondern in Braunschweig vollzogen worden. Man habe es also, resümieren Mlynek und Röhrbein in ihrem Buch, „mit einer grotesken Verwechslung mit Braunschweig" zu tun, „wo Hitler 1932 zum Regierungsrat ernannt und auf diese Weise – im Vorfeld der Reichspräsidentenwahlen von 1932 – eingebürgert worden war." Ob die Engländer ihren Angriff ohne diese Verwechslung nicht geflogen hätten?

Bloße Spekulation. „Manche Hannoveraner gaben sich sogar der Illusion hin, dass die Engländer ihre Stadt wegen des besonderen Verhältnisses zur englischen Krone verschonen würden – schließlich hatten die hannoverschen Welfen von 1714 bis 1837 in Personalunion die britischen Könige gestellt", sagt Michael Krische. Die Engländer hatten unter ihrem Luftmarschall Arthur Harris den Plan gefasst, mit der systematischen Zerstörung aller größeren deutschen Städte den Durchhaltewillen der Bevölkerung zu brechen („moral bombing"). „Da ging es also längst nicht mehr um die Ausschaltung von rüstungswichtigen Industrieanlagen, obwohl in dem zitierten Bericht auch ‚von dem bedeutenden Beitrag seiner Maschinenbau- und Gummifabriken zu den Kriegsanstrengungen' die Rede war", kommentiert der Journalist.

Wären die Briten in jener Nacht nicht geflogen – 1245 Hannoveraner hätten nicht ihr Leben lassen müssen. Für viele gab es keine Rettung, denn die Alliierten warfen Sprengbomben mit Langzeitzündern, die erst 144 Stunden nach dem Angriff explodierten. Glücklich, wer sich rechtzeitig in einen der Luftschutzbunker hatte retten können. Viele, die in den Kellern blieben, erstickten. Wer sich nach draußen wagte, verbrannte oder wurde von herabstürzenden Trümmern erschlagen.

Walther Lampe hat in der niedersächsischen Zeitschrift „Heimatland" seine Eindrücke jener Nacht festgehalten: „Nichts griff uns so ans Herz und erschütterte uns so bis aufs Mark wie der vierte große

Luftangriff auf Hannover im Oktober 1943." Er beschreibt, wie er nach den schrecklichen Stunden des Angriffs draußen herumirrt, schreibt vom Leid in den Gesichtern der obdachlos gewordenen Menschen. Er berichtet von denen, die im Keller ausharrten: „Ich weiß, wie Menschen sich im Keller sicher fühlten, dann aber doch beim Ausbrennen des Hauses von den Flammen erfaßt wurden, sich an die nicht recht durchgefeilten Stäbe der Kellerfenster klammerten und dort grausam wie lebende Fackeln verbrannten und bis zur völligen Unkenntlichkeit verkohlten." Er schreibt: „Ich werde nie vergessen." Ein anderer Zeitzeuge, der damals noch ein Junge war, berichtet von den Geräuschen der Bombennacht: „Es ist, als brülle eine gewaltige Stimme durch einen Trichter. Es hallt alles wider in den Gewölben der Keller: Das Sausen und Heulen der Bomben, das Brummen der Flugzeuge, beides übertönt von wütendem Geschützdonner." Schlimmer jedoch ist ein anderes Geräusch: „Ein herzzerreißender Schrei kommt an mein Ohr. Er kommt aus den Flammen. Ich kann kein Wort verstehen, aber es liegt in dieser Stimme: ein Verbrennender." Der Zeitzeuge berichtet von Feuerfunken, die um die Köpfe fliegen. Von brennenden Straßen. „Der Schrei der Verbrennenden gellt in meinen Ohren, und nie wird er verhallen. Nie!"

Eva-Maria Bast

So geht's zu den Luftschutzgittern:

Die Gitter befinden sich den Lichtschächten an den Gebäuden Ballhofstraße 4 und 6 sowie an der Kreuzstraße 1.

Uwe Stelter an der mutmaßlichen Grabplatte des Dichters.

47

Grabplatte

Der Limerick stammt aus Hannover!

Eine eiskalte Blonde aus Limmer,
Die hatte von Lieb' keinen Schimmer.
Ein Jüngling voll Qual
Rief: „Ich spring in'n Kanal!"
Da sprach sie nur kühl: „Aber immer!"

Ein Limerick. Eines dieser beliebten Scherzgedichte im Reimschema AABBA, die um 1820 in England entstanden. Oder? Nein! Der Limerick stammt aus Hannover. Und nicht nur das: Sein Name ist auch aus zwei hannoverschen Stadtteilen zusammengesetzt: Limmer und Ricklingen. Warum ausgerechnet diese beiden Stadtteile Namensgeber waren? Das hängt mit dem weiblichen Geschlecht und dem Liebeskummer zusammen.

Hannover, obgleich Partnerstadt der englischen Westküstenmetropole Bristol, war bislang noch nicht durch eine besondere Affinität zu dieser Versform aufgefallen. Bis 1997, anlässlich des 50. Jubiläums der Städtepartnerschaft, der britische Sprachforscher Kit Edwardes eine Bombe platzen ließ: Der Limerick, so hatten seine Forschungen ergeben, hat seinen Ursprung in Hannover!

Zusammen mit dem hannoverschen Künstler Uwe Stelter präsentierte er seine Forschungsergebnisse in einer Ausstellung, die am 9. November 1997 in der Faust-Kunsthalle eröffnet wurde. Der erstaunte Besucher erfuhr, dass die Geschichte der scherzhaften Gedichte eigentlich eine tragische ist. Der Erfinder war nämlich ein unglücklich verliebter junger Mann, den seine zahlreichen unerfüllten Liebschaften in den Wahnsinn trieben. Jener Dichter hatte im 19. Jahrhundert Affären sowohl mit einer Dame in Limmer als auch mit einer weiteren in Ricklingen. Beiden ließ er feurige Liebesgedichte zukommen, und kurze Zeit später auch je einen runden Bauch. Er soll die Damen aufrichtig geliebt haben, und doch verlor er sie. Die unglücklichen jungen Frauen ertränkten sich in der Ihme. Ein uneheliches Kind bedeutete damals große Schande, was auch erklärt, warum die Namen der Damen bis zum heutigen Tag nicht zu ermitteln waren.

Der Jüngling bewältigte das traumatische Geschehen im Dichten. Eine Versform aus zwei Paaren für beide Lieben und einer sozusagen überzähligen, die Paare störenden fünften Zeile entstand. Benannt ist diese Form nun nach den Orten Limmer und Ricklingen:

In Ricklingen und auch in Limmer,
da liebte ein Mann, ein ganz schlimmer,
vor der zwiefachen Frucht
ergriff er die Flucht
doch Ruh vor sich selbst fand er nimmer.

Es scheint kein gutes Ende mit dem Dichter genommen zu haben. Er schrieb wie besessen ein Gedicht ums andere. Das waren aber für lange Zeit die einzigen Lebenszeichen.

Edwardes hat mit Hilfe von Stelter 1997 in hannoverschen Archiven geforscht, um zumindest über den Namen des Dichters Gewissheit zu erlangen.

„Kit hat extra einen Flug nach Bristol storniert, als er im Stadtarchiv neue Dokumente entdeckte und sich an seinem Ziel wähnte“, erzählt Stelter. Leider verlor sich die Spur zu der angenommenen Grabstätte des Dichters auf dem Lindener Bergfriedhof. Ob der Dichter dort begraben wurde oder ob er, wie andere Quellen vermuten lassen, nach England ging und dort den Limerick populär machte, ließ sich 1997 nicht abschließend klären.

Nur ein Jahr später kam dann wiederum ein englischer Literaturprofessor zu neuen Forschungsergebnissen: Thomas O'Kiep identifizierte den Urheber der Fünfzeiler. Jakob Daniel Hahnenknoop hieß der junge Mann. Er wurde 1809 in Pattensen geboren und verstarb 1898. Wie schon Edwardes und Stelter herausfanden, war seine Beziehung zu den Frauen gelinde gesagt problematisch und seine Biografie nicht ohne Brüche.

Der Lindener Bergfriedhof.

Der Dichter, examinierter Jurist, scheint in jungen Jahren ständig auf der Flucht gewesen zu sein. Aus „politischen Gründen“ suchte er zeitweilig Asyl im liberalen Hessen, und wo er sich bis zu seiner endgültigen Sesshaftwerdung in Limmer 1863 überall herumgetrieben hat, ist nicht lückenlos dokumentiert. So ist denn auch unklar, wie der Limerick, eigentlich Limmerick, nach England kam. Kit Edwardes vermutet, Hahnenknoop habe zeitweilig in Irland Zuflucht gesucht, um den Vätern der sitzengelassenen Mädchen zu entgehen. Die königliche Personalunion von Hannover und England, die bis 1837 währte, habe den kulturellen Austausch sehr gefördert, sodass sich Ideen aus Hannover auf der Insel großer Beliebtheit erfreut und schnell im Vereinigten Königreich Verbreitung gefunden hätten, erläutert Edwardes.

Thomas O'Kiep vermutet, schon in der Studienzeit in Göttingen habe Hahnenknoop die zahlreichen britischen Kommilitonen mit dem Lim(m)erick-Virus infiziert. Ob diese Erklärung vor dem Hintergrund, dass der Dichter privates Leid mit den Versen zu verarbeiten suchte, schlüssig ist, sei dahingestellt. Sicher ist: Der Limmerick verlor in Großbritannien ein M, wie ja auch Hannover ein N einbüßte.

Hahnenknoop hat sich früh damit abgefunden, dass seine dichterische Innovation schon zu seinen Lebzeiten von anderen vereinnahmt wurde. Er dichtete unbeirrt weiter. 1898 starb er hochbetagt in Limmer und wurde aller Wahrscheinlichkeit nach wie alle Limmeraner in diesen Tagen auf dem Lindener Bergfriedhof beigesetzt.

„Ein Limerick als Epitaph? Das wäre ein weiteres Teilchen im Puzzle der Limerick-Forschung und ein Beitrag, das Geheimnis des Limericks endlich nach über 200 Jahren zu lüften."

Sein Grab ist nicht bekannt. Kit Edwardes hatte jedoch, nach dem Studium der Dokumente, bereits 1997 den Verdacht, dass eine bestimmte Grabplatte, die eine unleserliche, offensichtlich aus fünf Zeilen bestehende Inschrift trägt, das Grab des Dichters markiert. „Ein Limerick als Epitaph? Das wäre ein weiteres Teilchen im Puzzle der Limerick-Forschung und ein Beitrag, das Geheimnis des Limericks endlich nach über 200 Jahren zu lüften", sagt Stelter.

Passend zu Hahnenkoop, dem ehelos Unglücklichen, wäre vielleicht folgender Limerick von Heinz Hermann Michels:

Unsre Tage sind wahrlich gezählt
Kaum geboren sind wir schon vermählt
Haben Kinder gezeugt
Uns allmählich gebeugt
Und zum Ende uns nur noch gequält.

Ekkehard Oehler-Austin

So geht's zum mutmaßlichen Grab:

Der Bergfriedhof liegt zwischen den Straßen Am Lindener Berge und Am Steinbruch. Die Grabplatte liegt rechts des Hauptweges nahe dem großen Brunnen.

Marion Wrede berührt die berührende Botschaft des Künstlers: den Türgriff.

48

Türgriffe

Gegen den Uhrzeigersinn – gegen das Leben

Der Unterschied ist so minimal, dass man ihn eigentlich nur bemerkt, wenn man ihn kennt. Dann aber sieht man es ganz deutlich: Der rechte Türgriff am Eingangsportal der Marktkirche ist mit acht geraden Einstanzungen versehen. Das muss man sich vorstellen wie das Ziffernblatt einer Uhr: Die Linien gehen vom Mittelpunkt aus in einer geraden Linie nach außen. Nur, dass es eben acht sind und nicht, wie bei einer Uhr, zwölf. Und dass es sich nicht um kleine Striche, sondern um Vierecke handelt. Beim linken Türgriff ist das anders: Er hat zwar genauso viele Einstanzungen und sie sind auch genauso breit und genauso lang. Aber: Sie kippen nach links, also gegen den Uhrzeigersinn. Warum?

Kirchenpädagogin Marion Wrede kennt das Gotteshaus in- und auswendig. Tag für Tag steht sie hier und beantwortet die Fragen von Besuchern. Und auch auf diese Frage kennt sie die Antwort: Die Türgriffe sind eine stille Vervollkommnung des Gesamtkunstwerks Bronzetür am Westportal, das im Jahre 1959 von Künstler Gerhard Marcks (1889–1981) geschaffen wurde und das Thema Eintracht und Zwietracht darstellt.

Auf dem rechten Bronzetürflügel sind lauter idyllisch-harmonische Szenen abgebildet, Szenen, die ein jeder sich in seinem Leben wünscht: eine perfekte Familie, deren Mitglieder sich gegenseitig vor der Schlange schützen, die, wie Marion Wrede erklärt, immer ein Symbol des Bösen ist. Auf dem rechten Türflügel sind auch Menschen zu sehen, die sich gegenseitig stützen, die miteinander Abendmahl feiern, die zusammen etwas bauen. Weiter entdeckt der Betrachter einen Bauern, der sein Feld bestellt, und Frauen, die mit einem Kind spielen. Das ist die Seite der Eintracht. „Sie soll zeigen, wie das Leben sein kann, wenn man nicht miteinander streitet, wenn man liebevoll miteinander umgeht", sagt die Kirchenpädagogin. Auf der linken Seite, der mit den kippenden Ausstanzungen im Türgriff, ist hingegen das Böse dargestellt: ein Leben, wie es sich gestalten kann, wenn es von Streit, Missgunst und Neid beherrscht wird, wenn sich ein schreckliches Unglück ereignet. „Unten sieht man, wie die Zweitracht entsteht: Dort ist abgebildet, wie zwei Tiere sich um einen Vogel streiten und sich dadurch quasi entzweien", beschreibt Marion Wrede. Die Szenen, die auf diesem Türflügel dargestellt sind, sind denkbar schrecklich und sollen Ereignisse aus dem Zweiten Weltkrieg aufzeigen, in dem die Marktkirche bei Luftangriffen im Juli 1943 stark zerstört wurde – und mit ihr der

Ein kleiner, aber wichtiger Unterschied: Die Ausstanzungen in den beiden Türgriffen sind unterschiedlich.

größte Teil der Altstadt. Vieles, wenn nicht gar alles, was auf dem linken Türflügel zu sehen ist, haben die Menschen damals erlebt: Eine Frau trauert um ihr totes Kind, ein Panzer überrollt Menschen. Bürger fliehen aus einem brennenden Haus. Tote im Massengrab. Ein Soldat will eine Frau vergewaltigen. Ein Mensch wird gehängt. Ein Agitator verführt das Volk. „Alles, was auf diesen beiden Türflügeln abgebildet ist, findet ja immer noch tagtäglich statt, im Guten wie im Schlechten", sagt Marion Wrede. „Und wenn man die Tür öffnet, lässt man die Alltagswelt draußen zurück und betritt den heiligen Raum, auch wenn wir Protestanten ihn nicht so nennen." Die Tür, sagt sie, bilde die Schwelle von der profanen in die sakrale Welt.

„Alles, was auf diesen beiden Türflügeln abgebildet ist, findet ja immer noch tagtäglich statt, im Guten wie im Schlechten."

Was das alles mit den Türgriffen zu tun hat? „Die Ausstanzungen auf dem rechten Türgriff sind in der richtigen Form, sind stabil, so wie sie sein sollen. Während sich die auf dem linken Türgriff quasi gegen den Uhrzeigersinn, gegen den Fortlauf des Lebens, drehen", erklärt Marion Wrede. Eine Botschaft, die lange nicht so offenkundig ist wie die Bilder auf der Tür. Dafür ist sie umso berührender – sowohl im emotionalen als auch im physischen Sinne: Muss doch den Türgriff berühren, wer das Gotteshaus betreten will. Und im Allgemeinen ergreift man den rechten Türgriff, um die Tür zu öffnen und lässt den linken „links liegen".

Eva-Maria Bast

So geht's zu den Türgriffen:

Die Marktkirche steht Am Markte 9. Das Portal mit den Türgriffen befindet sich auf der Westseite.

Mauerabdruck

Eine Beamtenlaufbahn

Das Neue Rathaus ist wahrlich nicht arm an eigentümlichen Relikten und Geschichten: Sei es der Aufzug, der einen Bogen fährt, sei es ein leerer Reliefstein (siehe Geheimnis 29), sei es die Tatsache, dass das Gebäude auf rund 6000 Buchenpfählen steht, damit es im feuchten Untergrund nicht absäuft. Eine besonders seltsame Sache hat Ralph Anthes, Kenner der Stadtgeschichte und Betreiber einer Website zur Stadthistorie, erst kürzlich entdeckt: An der Ostseite des Rathauses gibt es eine Stelle in der Außenmauer, die sich deutlich von ihrer Umgebung abhebt, und zwar durch die Farbe der verbauten Steine. Beginnend im ersten Stock, formen Steine, die etwas heller sind, bis zum Ende der Geschosshöhe des zweiten Stocks den Umriss eines Hauses mit spitzem Giebel. Als habe hier einmal ein kleines Haus „geklebt", das kürzlich abgefallen ist und hellere Steine hinterlassen hat.

Aber das ist natürlich selbst für das hannoversche Rathaus zu abenteuerlich. Dem Geheimnis auf die Spur kommt man, wenn man alte Stadtpläne sichtet. Dort findet sich im Osten des Rathauses das Gebäude der Bauverwaltung verzeichnet. Es muss in unmittelbarer Nähe des hausförmigen Abdrucks gestanden haben. Ob da ein Zusammenhang besteht?

Ralph Anthes sammelt alte Ansichtskarten aus Hannover und ist auf ein Exemplar gestoßen, auf dem jene Bauverwaltung zu sehen ist. Ein schmuckes Haus im Wilhelminischen Stil, der gut zum Rathaus passt – und das offenbar mit ihm verbunden ist! Denn auf der Ansichtskarte sieht es so aus, als führte eine überdachte Brücke vom Bauamt zum Rathaus. Eine Überprüfung anhand des im Rathaus befindlichen Modells der Stadt von 1939 bestätigt das: Ein Steg mit spitzem Dach verbindet die Gebäude.

„Heute nennt man ja den Übergang zwischen den Gerichtsgebäuden am Volgersweg ‚Beamtenlaufbahn', scherzt Ralph Anthes, „aber das hier scheint das Original zu sein!"

Es ist deutlich zu erkennen: Am Mauerwerk findet sich der Abdruck eines schmalen Häuschens.

Die helleren Steine an der Mauer des Rathauses füllen also einfach das Loch, das entstand, als man den Steg entfernte. Die Bauverwaltung war im Krieg stark beschädigt worden und wurde daher abgerissen, sodass die Brücke sinnlos wurde. Das Bauamt zog in ein neues Gebäude westlich des Rathauses. Es wurde 1954/55 errichtet und steht als einer der ersten großen kommunalen Verwaltungsbauten unter Denkmalschutz. Den Haupteingang ziert ein barockes Portal, das einst zur kriegszerstörten Garde-du-Corps-Kaserne von 1738 gehörte, die auf dem Königsworther Platz stand. Oben prangt das englische Königswappen mit dem Leitspruch des Hosenbandordens, in dem die Königsfamilie traditionell Mitglied ist: „Honi soit qui mal y pense". Heute übersetzt man den Satz gerne mit „Ein Schelm, wer Böses dabei denkt." Und das passt nicht übel auf das Bauamt, denn dass ausgerechnet die Behörde, die für Denkmalschutz und Stadtentwicklung zuständig ist, nun zum kostspieligen Sanierungsfall geworden ist, kann man schon als ironische Wendung der Geschichte sehen. Wie auch das Schicksal, das das direkt daneben stehende Kestner-Museum ereilte. Auch dieses Gebäude im historisierenden Neorenaissance-Stil wurde im Bombenkrieg beschädigt. Es verlor seinen Südflügel, in dem die Bibliothek untergebracht war. Der Rest überstand den Angriff schwer beschädigt. Er wurde nicht abgerissen wie die Bauverwaltung, und doch ist er nicht mehr zu sehen. Wie kommt das?

Almut Düker vor der neuen Fassade des Museums.

Zunächst richtete man notdürftig das Fragment wieder her, das aber viel zu klein und vom Schnitt unpassend war. Stadtbaurat Rudolf Hillebrecht, der den Neuaufbau der am Boden liegenden Stadt leitete, hasste den Historismus. So fand man im Stadtbauamt unter der Leitung von Werner Dierschke zu einer ungewöhnlichen Lösung: Das Äußere des Museums wanderte nach innen. Das Museum August Kestner steht nun gleichsam selbst im Museum, denn man entschied sich, das Gebäude mit einer modernen Fassade zu ummanteln.

Almut Düker vom Freundeskreis des Museums August Kestner formuliert es so: „Wir sind ein neues Haus, das ein altes Haus im Herzen trägt.“ Im Osten und Westen schmiegt sich die neue Fassade an die alte, aber im Norden und Süden wurde die Grundfläche um 18,5 Meter ausgeweitet. Der Eingang wurde auf den Trammplatz verlegt und ist recht unscheinbar. Auch der innere Eingangsbereich macht wenig her, aber wenn man die breite, noch originale Treppe in den ersten Stock emporgestiegen ist, steht man staunend in einem hohen Saal vor dem ersten Stock des alten Museums. „Der Kontrast zwischen dem modernen Raum und der alten Fassade ist sehr spannungsvoll“, sagt Almut Düker, „und offenbar empfinden das auch die Besucher so. Dieser Museumsraum gilt als der meistfotografierte der Stadt.“ Im ersten Stock ist recht deutlich, wo der Altbau endet und die neue Ummantelung beginnt, und wenn man im Altbau-Teil an den richtigen Stellen steht, sieht man vor der neuen Fassade die alte. Die Ummantelung des Altbaus mit der 4785 Fensterchen enthaltenden Fassade war übrigens nicht nur eine einmalige und interessante Lösung, mit Kriegsruinen umzugehen, sondern auch die kostengünstigste.

Ralph Anthes vor dem Bauamt.

So seltsam geht es um das Neue Rathaus herum zu: Ein Gebäude verschwindet und hinterlässt eine Spur am Gemäuer, ein anderes verschwindet spurlos und ist trotzdem noch da. Und keiner der zahlreichen Touristen ahnt, welch kuriose Baugeschichten mit den Gebäuden am Trammplatz verknüpft sind. Eigentlich schade!

Ekkehard Oehler-Austin

So geht's zum Mauerabdruck:

Das Rathaus steht auf dem Trammplatz. Der Abdruck ist an der Ostseite zu finden, das Kestner-Museum steht an der Westseite des Trammplatzes.

Hans „Iwan" Loewy und seine Schwester Renate, dargestellt von Georg Kolbe.

50 Menschenpaar

Nazikunst versus Menschenwürde

Ungeliebt und viel diskutiert ist sie, die Kunst, die am Ost- und Nordufer des Maschsees steht. Denn sie stammt wie der See selbst aus einer Zeit, in der sich die Sonne der Kultur zu senken begann und sich abzeichnete, wohin die nationalsozialistischen Machthaber steuern würden. Kunstwerke, die nicht linientreu waren, wurden als „entartet" geschmäht und nicht mehr gezeigt. Wer als Künstler wahrgenommen werden wollte, musste sich den ästhetischen Vorstellungen der Nationalsozialisten unterordnen. So kann es nicht verwundern, wenn die Skulpturen, die das Seeufer zieren, häufig als „Nazi-Kunst" bezeichnet und mit gemischten Gefühlen betrachtet werden.

Besonders „verdächtig" erscheinen der am Nordufer stehende „Fackelläufer" von Hermann Scheuernstuhl (1894–1982), die Löwen der Löwenbastion (die freilich beinahe eine Krokodil-Bastion geworden wäre, siehe Geheimnis 02) von Arno Breker (1900–1991) und das „Menschenpaar" von Georg Kolbe (1877–1947). Der Fackelläufer stand lange in Verdacht, für die Olympischen Spiele 1936 in Berlin den Hitlergruß zu zeigen. Ein Vorwurf, der nahe liegt, aber durch den Vergleich mit antiken griechischen Statuen, die dem Bildhauer als Vorbild gedient hatten, entkräftet wird. Denn diese weisen exakt die fragliche Körperhaltung auf, und zudem darf die olympische Fackel auch als Allegorie für das Licht und die Weisheit der Aufklärung verstanden werden. Dass der Knabe sie zu senken scheint, kann man sogar als Kritik am herrschenden Regime verstehen. Und dessen Repräsentanten wollten das Standbild zunächst auch nicht haben.

Beim ersten Blick wirkt Kolbes Menschenpaar so, als verkörpere es die NS-Ästhetik viel stärker als der hellenistische Knabe oder die stark stilisierten Löwen: Zwei überlebensgroße junge, wohlgeformte Menschen treten dem Betrachter selbstbewusst entgegen. Sie entsprechen perfekt dem Idealbild des „Ariers". So war diese Plastik auch immer wieder Ziel von Angriffen, meistens jedoch phantasievoller Art. Manchmal wurde den beiden Nackten Unterwäsche verpasst – seitdem weiß man, dass die Dame BH-Größe 90A trägt – oder man beschriftete sie mit abwaschbarer Farbe. Diese Sponti-Aktionen zielten auf den überlegenen Gestus der augenscheinlichen „Herrenmenschen". Aber ist Georg Kolbe wirklich diesem Leitbild gefolgt, oder muss man das Menschenpaar womöglich doch etwas differenzierter betrachten?

Peter Lampasiak, ehemaliger Lehrer an der Waldorfschule in Bothfeld, weiß mehr über die dargestellten Menschen. Die Geschichte dahinter ist im Grunde eine tragische, und doch ist sie ein Treppenwitz der Kunstgeschichte, sagt Lampasiak, denn die dargestellten „arischen Übermenschen" sind jüdischer Abstammung! Es handelt sich um Hans Loewy, genannt Iwan, und seine Schwester Renate.

Peter Lampasiak lernt Iwan als Sechsjähriger bei einer Silvesterfeier zum Jahreswechsel 1934/35 in Berlin kennen. Dort pflegt sich der antifaschistische Widerstand zu treffen: Kommunisten, Wandervögel, Künstler. Unter ihnen auch die Eltern von Peter Lampasiak. Iwan und er freunden sich an. 1936 entdeckt Peter Lampasiak im neugebauten olympischen Schwimmbad eine Skulptur, in der er seinen Freund Iwan erkennt. Dieser hat tatsächlich dem bekannten Georg Kolbe Modell gestanden, der die neuerbauten Sportstätten für die Olympischen Spiele in Berlin künstlerisch ausgestaltet. Iwan pflegt sich als Modell etwas hinzuzuverdienen. Er kann nicht studieren, weil das Geld nur für das Studium seiner Schwester reicht. Ausgebildet ist er als Metallbauer, hält sich aber als Musiker an der Laute und am Banjo über Wasser. Er bringt Peter Lampasiak das Gitarre spielen bei und lernt autodidaktisch, Instrumente zu bauen.

Peter Lampasiak hat auf der Bank vor seiner Werkstatt Platz genommen.

Nach 1936 verschlimmert sich der Nazi-Terror zusehends. Iwan, Sohn eines osteuropäischen Juden, bekommt Auftrittsverbot als Musiker und wird gezwungen, in verkommenen Vierteln als Insektenvernichter zu arbeiten. An Gelbsucht erkrankt, kommt er ins Krankenhaus. Es herrscht bereits Krieg, und als ein Fliegerangriff das Krankenhaus trifft, wird Iwan als „Halbjude" nicht evakuiert. Im Nachthemd flieht er schwer krank auf die Straße und schwört, nie wieder einen Fuß auf deutschen Boden zu setzen. Es gelingt ihm nach dem Krieg die Immigration nach Schweden, wo er sich als Lautenbauer niederlässt. Seine Schwester arbeitet unterdessen bereits in Paris als Tänzerin.

Peter Lampasiak hält trotz der widrigen Umstände Kontakt zu seinem Freund. Und als später eine seiner Schülerinnen als Projektarbeit eine Gitarre bauen will, bittet er Iwan telefonisch um Hilfe. Der freut sich über die Anfrage, findet aber das fernmündliche Helfen unbefriedigend. Daher verspricht er, wenn sich acht Schüler fänden, die ein Instrument bauen wollen, seinen Schwur zu brechen und nach Deutschland zu kommen. So geschieht es. Iwan baut mit den Schülern Lauten und Gitarren und gibt sogar ein Konzert in der Aula der Schule. Bei einem seiner Lieblingsstücke, einer Gaillarde von John Dowland, verspielt er sich. Er beginnt von vorne. Muss wieder abbrechen. Und noch einmal. Unter Tränen beendet er das Konzert. Die Depressionen darüber, dass er erst aus finanziellen Gründen nicht hatte Musik studieren können und dann von den Nazis am Musizieren gehindert wurde, haben wieder zugeschlagen. Iwan bleibt noch einige Jahre in Deutschland, wo er in einem heilpädagogischen Heim arbeitet. Bei einem Spaziergang mit seinem Freund Peter Lampasiak um den Maschsee bleibt er an Kolbes „Menschenpaar" stehen und lächelt: „Das bin ich!"

„Dass Kolbe den Nazis einen ‚Halbjuden' untergejubelt hat, hat er als einen guten Witz betrachtet."

Iwan wird in Deutschland nicht glücklich. Er geht zurück nach Schweden. Erneut scheitert er bei dem Versuch, eine Karriere als Musiker zu machen. Seine Frau begeht 1976 Suizid, er folgt ihr bald darauf. So endet das Leben eines Mannes, dessen Skulptur der Bildhauer Kolbe als „Menschen hoher Art, als ein Vorbild menschlicher Würde" bezeichnet hat. Würde, die ihm die Nationalsozialisten absprachen und die er in der Arbeit mit Schülern wieder spürte.

Kolbes Arbeit für die braunen Machthaber hat Iwan ihm nie übel genommen. „Er hat toleriert, dass Kolbe von zwei Übeln, der ästhetischen Anpassung oder dem Berufsverbot, das Erstere gewählt hat", erzählt Peter Lampasiak. „Und dass Kolbe den Nazis einen ‚Halbjuden' untergejubelt hat, hat er als einen guten Witz betrachtet."

So wird das Menschenpaar unwillkürlich zum Beweis der Absurdität des Glaubens an die „arische Herrenrasse". Und zum Denkmal für den Musiker Hans Loewy, genannt Iwan.

Ekkehard Oehler-Austin

So geht's zum Menschenpaar:

Die Skulptur befindet sich am Westufer des Maschsees, Ecke Geibelstraße/Rudolf-von-Benningsen-Ufer.

Danksagung

Geheimnisse sind ständig einer Gefahr ausgeliefert. Der Gefahr, vergessen zu werden. Ohne Menschen, die ihr Wissen zum rechten Zeitpunkt weitergeben, würden enorme Schätze für immer verloren gehen. Wir danken all jenen, die ihr Wissen mit uns geteilt und sich viel Zeit genommen haben, um uns auf unserer Spurensuche zu begleiten. Das sind vor allem unsere „Geheimnispaten“, ohne die dieses Buch gar nicht möglich gewesen wäre. Wir danken aber auch jenen, die uns unterstützt haben, die aber nicht als Geheimnispaten vorkommen. Das sind: Ralf Hansen, Dr. Heiko Postma, Dennis Malinka, Prof. Bernd Ponick, Prof. Gábor Lengyel, Ingeborg Rupprecht und ein sehr engagiertes hannoversches Ehepaar, das namentlich nicht genannt werden möchte.

Unser besonderer Dank gilt der Geschäftsführerin der Madsack Medienagentur GmbH & Co. KG Sandhya Wilde-Gupta, die sich für unsere Idee gleich aufgeschlossen zeigte, Chefredakteur Hendrik Brandt und HAZ-Redakteur Simon Benne, der all unsere Geschichten vor Druck gelesen hat. Danke für das Vertrauen und die immer sehr angenehme Zusammenarbeit!

Literatur, Quellen und Fotos

Amnestie-Erlaß Sr. Majestät des Königs von Preußen Friedrich Wilhelm IV
Vom 20. März 1848
http://www.documentarchiv.de/nzjh/preussen/1848/friedrich-wilhelmIV-amnestie_erl.html. Stand: 14.5.2015.

Anhäuser, Uwe:
Sagenhafter Hunsrück.
Briedel/Mosel 1994, S.109–111.

August Heinrich Hoffmann von Fallersleben.
URL: http://www.luiseberlin.de/lesezei/blz98_04/text03.htm.
Stand: 14.5. 2015.

Ausstellungskatalog:
„Hannover 1933 – eine Großstadt wird nationalsozialistisch."
Hannover 1981, S. 49–57.

Ballerstedt, Erich:
„Das Strebkatzenziehen, ein Kraftspiel des Mittelalters, und seine Spuren in deutscher Sprache und Kunst." In: Hannoversche Geschichtsblätter. Hannover 1901, S. 97–107.

Behrendt, Günter Max:
„Die osmanischen Gräber auf dem ehemaligen Neustädter Friedhof." In: Hannoversche Geschichtsblätter, Neue Folge (NF) Band 60. Hannover 2006, S. 181 f.

Benne, Simon:
„Als der Kaiser nach Hannover kam."
In: Hannoversche Allgemeine Zeitung, 16.6.2013.

Benne, Simon:
„Historisches Museum – Ausstellung zeigt Kulturgeschichte von Hannovers Friedhöfen." In: Hannoversche Allgemeine Zeitung, 13. September 2010.

Benne, Simon:
„Junge Menschen hoher Art."
In: Hannoversche Allgemeine Zeitung, 9.10.2010.

Böttcher, Dirk; Mlynek, K.; Röhrbein, W.; Thielen, H.: Hannoversches biographisches Lexikon:
von den Anfängen bis in die Gegenwart. Hannover 2002,
S. 187, S. 273, S. 303, S. 335 f.

Buschmann, Walter:
Linden. Geschichte einer Industriestadt im 19. Jahrhundert.
Überarbeitete Auflage Hannover 2012, S. 18 ff., S. 276.

Busse, Friedrich-Wilhelm:
Groß-Buchholz. Bilder und Geschichten aus vergangenen Tagen.
Horb am Neckar 1992, S. 28 ff., S. 53 f.

Brockhaus, der Große,
Band 11, 16. Auflage,
Wiesbaden 1957, S.23.

Brockhaus Geschichte:
Thermophylen. S. 867.

Clemen, Otto:
„Die Luterisch Strebkatz."
In: Kleine Schriften, Band 2, 1983,
S. 202–217.

Dannowski, Hans Werner:
Dann fahren wir nach Hannover.
Hannover 2000, S. 28 ff., S. 124 ff.

Dannowski, Hans Werner:
Hannover weit von Nah.
Hannover 2002, S. 170 ff.

Der Bauch von Hannover.
Die Markthalle seit 1892.
URL: http://www.markthalle-in-hannover.de/p_historie. Stand: 29.5.2015.

Ertel, Rainer; Roesener, E.-F.:
Hannoversches Brunnenbuch.
Hannover 1988, S. 12, 87.

Exponat des Monats November 2009
Bulletin der Bundesregierung
vom 6. Mai 1952 und die Frage
der Nationalhymne.
URL: http://www.adenauerhaus.de/downloads/NOvember.pdf. Text: Claudia Waibel. Quelle: StBKAH, I/12.21.
Stand: 14.5.2015.

Fliegerhorst Vahren:
URL: http://www.vahrenheide.de/history/history4.htm. Stand: 6.Juni 2015.

Geilert, Gerald: Colleoni:
Hannover, Biesental, Berlin.
Ein Essay über ein künstlerisches
Projekt von Franziska Cordes.
Norderstedt 2010.

Haffner, Sebastian:
Der Verrat. 1918/19 – als Deutschland wurde, wie es ist. Berlin 1994.

Hahnenknoop.
URL: http://www.literatur-niedersachsen.de/landgang/detailansicht/der-fuenfzeiler-aus-limmer-und-ricklingen.html?cHash=9610b49f6f&tx_literaturportalnds_pi1%5Bpointer%5D=0&tx_literaturportalnds_pi1%5Btext%5D=limmer. Stand: 11.7.2015.

Hannover ist Geburtsstadt
der Limericks.
Neue Presse, 8. November 1997.

Heimatland,
Heft 9/12 des Jahrgangs 1943.

Informationsbroschüre des
Fachbereichs Umwelt und Stadtgrün,
Hannover 2008.

Informationen zur Raumentwicklung,
Heft 1 / 2. Bonn 2003.

Kaulbach, Isidore:
Friedrich Kaulbach. Erinnerungen an mein Vaterhaus. Berlin 1931, S. 39 ff., S. 67, S. 86.

Knocke, Helmut; Thielen, Hugo:
Hannoversches Kunst-
und Kulturlexikon. 4. Aufl.,
Springe 2007, S. 99.

Kreter, Karljosef:
„Bürger traut nicht dem Fürsten!"
Wirkungsgeschichte der vergebl.
Belagerung von 1490/91. In:
Hannoversche Geschichtsblätter 46
(1992) S. 11–69.

Krische, Michael:
Das Neue Rathaus Hannover.
Springe 2006, S. 15, S. 99.

Krische, Michael:
Herbert Schmalstieg – Ein Leben für Hannover. Hannover 2012, S. 138 ff.

Landtag Niedersachsen:
Das Landesdenkmal „Die Göttinger Sieben“ vor dem Landtagsgebäude.

Lebensraum Linden.
URL: http://www.lebensraum-linden.de/internet/page.php?typ=2&site=902000262.
Stand: 6.7.2015.

Lehmann, Evelyn/Riemer, E.:
Die Kaulbachs. Eine Künstlerfamilie aus Arolsen. Waldeckischer Geschichtsverein, Arolsen 1978.

Lehr, Helene:
Sophia Dorothea. Die verhängnisvolle Liebe der Prinzessin von Hannover.
München 1994.

Leitner, Thea:
Skandal bei Hof. Frauenschicksale an europäischen Königshöfen.
4. Aufl. München/Zürich 1997,
S. 11–76.

Lied der Deutschen.
URL: http://de.wikipedia.org/wiki/Deutsche_Nationalhymne.

Lindener Gewerbe-, Handels- und Industriebetriebe von 1900–1919.
URL: http://www.postkarten-archiv.de/lindener-industrie-von-1900-1919.html.
Stand: 19.6.2015.

Mann, Golo:
Deutsche Geschichte des 19. und 20. Jahrhunderts. Frankfurt 1959, S. 630.

Mlynek, Klaus, Röhrbein, W. (Hrsg.):
Geschichte der Stadt Hannover, Bd.1.
Hannover 1992, S. 115–116., S. 148.

Mlynek, Klaus; Röhrbein, W.:
Geschichte der Stadt Hannover,
Band 2. Hannover 1994,
S. 305 ff., S. 352, S. 364, S. 374, S. 491,
S. 553, S. 585 ff.

Mlynek, Klaus, Röhrbein, W. R.: Stadtlexikon Hannover.
Von den Anfängen bis zur Gegenwart. Hannover 2009, S. 45 f.,
S. 404, S. 409, S. 465, S. 625

Niedersächsische Staatstheater (Hrsg.):
Programmheft John Gabriel Borkmann.
Hannover 2014, S. 4 ff.

Nordstadt Online:
Parkhaus. URL: http://nordstadt-online.de/gs/sights/parkhaus/.
Stand: 15.5.2015.

Nordstadt Online
URL: Sachsenross vor dem Welfenschloss. http://nordstadt-online.de/gs/sights/sachsenr/. Stand: 6.6.2015.

O'Kiep, Thomas:
Eine eiskalte Blonde aus Limmer.
Über den vergessenen calenbergischen Poeten Jakob Daniel Hahnenknoop (1809–1898). Hannover 2014.

Pape, Frank:
„Grundrißanalyse der Marktkirche.“ In: Hannoversche Geschichtsblätter, Band 53. Hannover 1999.

Puschmann, Wolfgang:
„Zeichen des Bösen – Zeichen der Erlösung? Das Pentagramm am Turm der Marktkirche.“ In: Gemeindebrief der Marktkirche, Hannover 2008.

Röhrbein, Waldemar R.:
„Pelikan Werke.“ In: Stadtlexikon Hannover, S. 240.

Rundfunk evangelisch.de:
Geschichte der Neustädter Hof- und Stadtkirche in Hannover. URL: https://rundfunk.evangelisch.de/kirche-im-tv/zdf-gottesdienst/zdf-gottesdienst-aus-hannover-4283/geschichte-der-neustädter-hof-und-s. Stand: 12.5. 2015.

Schottner, Alfred:
Die „Ordnungen“ der mittelalterlichen Dombauhütten:
Verschriftlichung und Fortschreibung der mündlich überlieferten Regeln der Steinmetzen. Münster 1995.

Thielking, Sigrid;
Wolschke-Bulmahn, Joachim:
Herrenhausen im internationalen Vergleich: Eine kritische Betrachtung. Hannover 2013, S. 28 ff und 31 ff.

Thielen, Hugo; Knocke, Helmut:
Hannover Kunst- und Kulturlexikon. Springe 2007, S. 190.

Tracklist.
URL: http://gullyman.eu/.
Stand: 23.4.2015.

Ture von zur Mühlen, Bernt:
Hoffmann von Fallersleben. Biographie. Göttingen 2010.

Postkarten-Archiv:
Lindener Industrie von 1646.
URL: http://www.postkarten-archiv.de/lindener-industrie-von-1646-1837.html.
Stand: 6.7. 2015.

Rattarium:
Wer war Georg Greiser? URL: http://rattarium.de/d-wiki/GeorgGreiser.php.
Stand: 8.5.2015

Verfassung Hannover 1833.
URL: http://www.dhm.de/lemo/bestand/objekt/verfassung-des-koenigreichs-hannover-1833.html.
Stand: 18.5.2015.

Voigt, Wolfgang:
Der Eisenbahnkönig, oder Rumänien lag in Linden. SPAK Publikationen 1982.

Welfenschloss.
URL: http://www.postkarten-archiv.de/welfenschloss-garten-und-niedersachsenross.html. Stand: 6.6.2015.

Winkel, Wilhelm:
„Heinrich Hoffmann von Fallersleben und seine Beziehungen zum Dorfe Bothfeld bei Hannover.“
In: Hannoversche Geschichtsblätter, N.F. 29 (1975), S. 217 ff.

Wikipedia:
Aegidienkirche. URL: http://de.wikipedia.org/wiki/Aegidienkirche_(Hannover). Stand: 12.5.2015.

Wikipedia:
Altes Rathaus. URL: http://de.wikipedia.org/wiki/Altes_Rathaus_(Hannover). Stand: 15.5.2015.

Wikipedia:
Kreuzkirche. URL: http://de.wikipedia.org/wiki/Kreuzkirche_(Hannover). Stand: 12.5. 2015.

Wikipedia:
Hans-Peter Lehmann. URL: http://de.wikipedia.org/wiki/Hans-Peter_Lehmann. Stand: 28.4.2015.

Wikipedia:
Kurt Lehmann. URL: http://de.wikipedia.org/wiki/Kurt_Lehmann_(Bildhauer). Stand: 28.4.2015.

Wikipedia:
Marktkirche. URL: http://de.wikipedia.org/wiki/Marktkirche_(Hannover). Stand: 12.5.2015.

Wikipedia: Pelikan.
URL: http://de.wikipedia.org/wiki/Pelikan_(Unternehmen). Stand: 29.4.2015.

Wikipedia:
Strebkatzenziehen. URL: http://de.wikipedia.org/wiki/Strebkatzenziehen. Stand: 3.3.2015.

Wikipedia:
Türkengräber von Hammet und Hasan. URL: https://de.wikipedia.org/wiki/Türkengräber_von_Hammet_und_Hasan. Stand: 7.7.2015.

Wörner, Martin;
Hägele, Ulrich; Kirchhof, Sabine: Architekturführer Hannover, Berlin 2000, S. 59 ff.

Zimmermann, Helmut:
Hannoversche Porträts. Lebensbilder aus sieben Jahrhunderten. Hannover 1983, S. 38–40.

Zimmermann, Helmut:
Linden. Vom Bauerndorf zum Ihmezentrum. Hannover 1986, S. 21, S. 103 f.

Zimmermann, Helmut:
Vom Steintor bis nach Herrenhausen. Streifzüge durch Hannovers Geschichte. Braunschweig 1986, S. 49 ff.

50 Jahre Ricklinger Deich 1954–2004. Deichgrafen-Collegium Ricklingen, 01. Februar 2004. URL: www.ricklinger-deich.de. Stand: 14.7.2015.

Bildnachweise:

Anthes, Ralph: S. 32

Künnecke, Reiner: S. 124

Stelter, Uwe: S. 167

Wrede, Marion: S. 20.

1 Feuermelder
2 Krokodile
3 Hexa- und Pentagramm
4 Katholischer Bahnhof
5 Eichen & Gedenkstein
6 Türmchen
7 Pflasterkreis
8 Burgruine
9 Schutzsteine
10 Quellenstein
11 Tintengraben
12 Kleiner Hügel
13 Nischen
14 Felsbrocken
15 Grabsteine
16 Bunker
17 Kastanie
18 Türkengräber
19 Flötenspieler
20 Pflastersteine
21 Relief
22 Biergarten
23 Kreuz
24 Großer Garten
25 Aussichtsplattform
26 Gleis 5 und 6
27 Bild
28 Gully
29 Reliefsteine
30 Siebenmännerstein
31 Gartenfriedhof
32 Eisenbahnbrücke
33 Fries
34 Kreuzkirche
35 Gedrehtes Haus
36 Gitter
37 Arkaden
38 Eisenringe
39 Mauer
40 Eisenschienen
41 Gedenktafel
42 Fratze
43 Steinmetzzeichen
44 Villa Fernblick
45 Pumpenhaus
46 Luftschutzgitter
47 Grabplatte
48 Türgriffe
49 Mauerabdruck
50 Menschenpaar

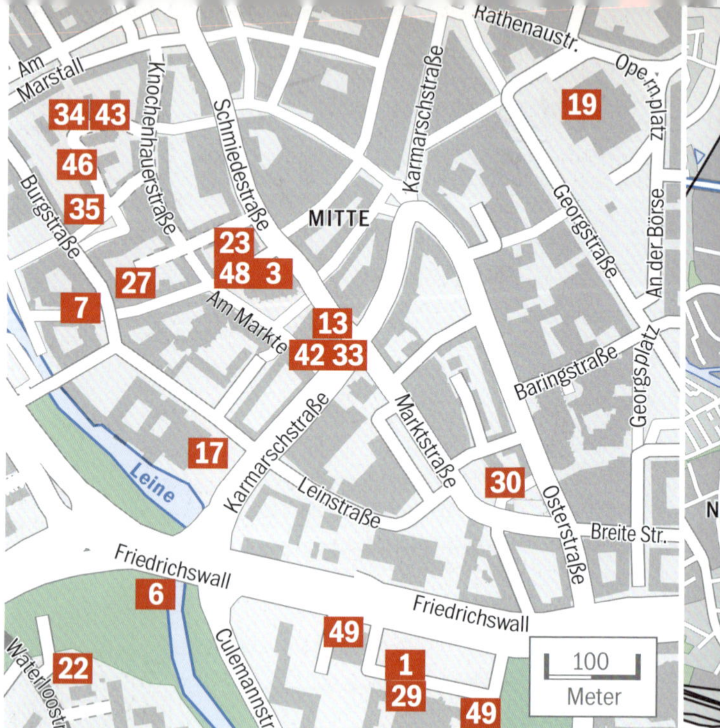

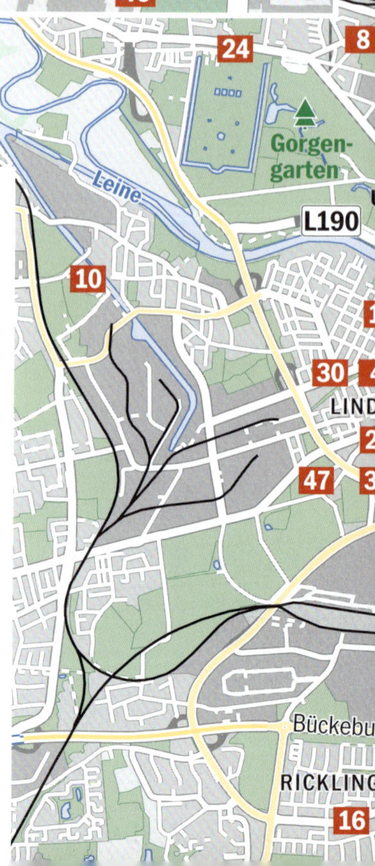

GRAFIK: MAPS4NEWS.COM, KERSTAN

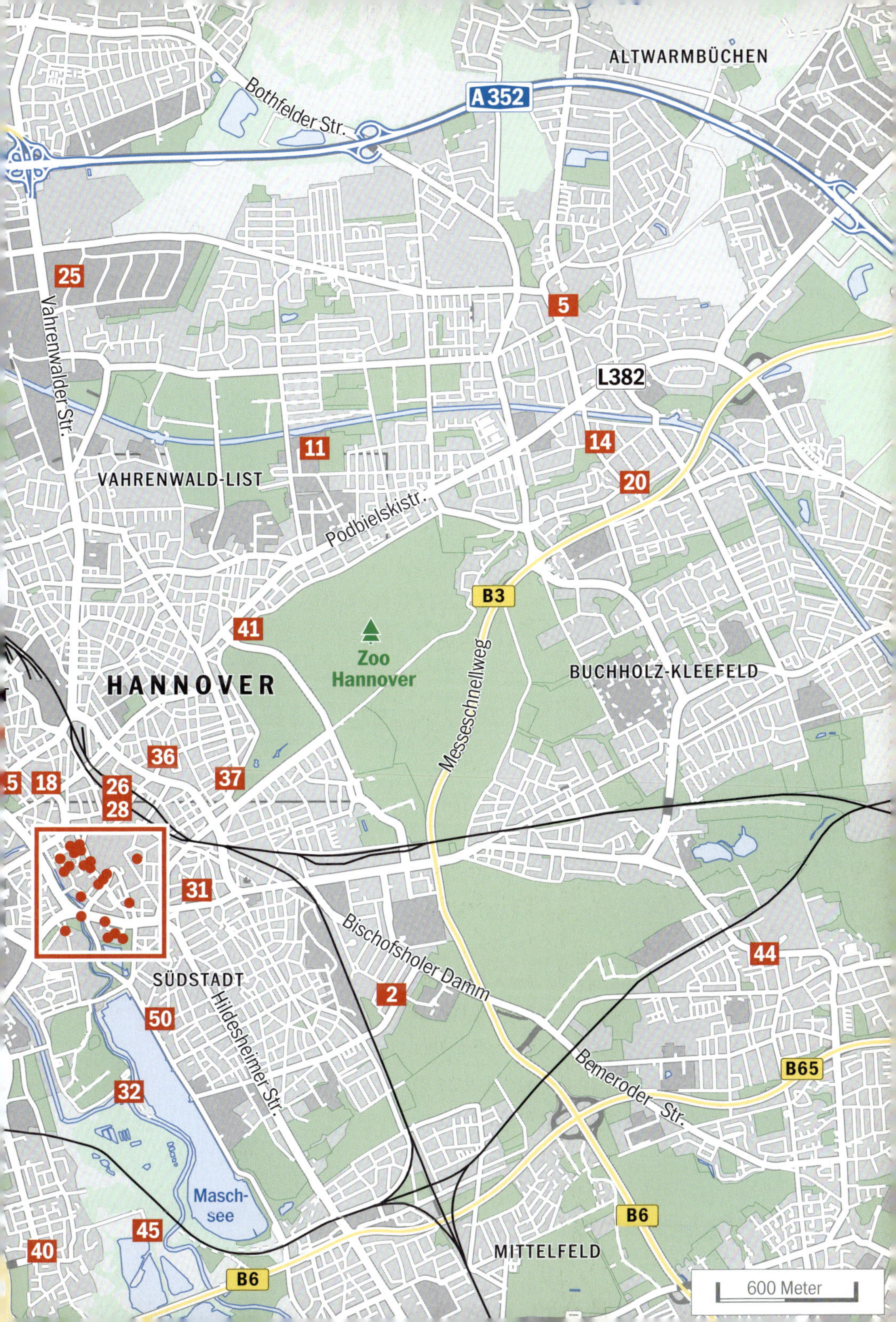

ALTWARMBÜCHEN
A 352
Bothfelder Str.
25
Vahrenwalder Str.
5
L382
11
14
20
VAHRENWALD-LIST
Podbielskistr.
B3
41
Zoo
Hannover
Messeschnellweg
BUCHHOLZ-KLEEFELD
HANNOVER
36
37
5
18
26
28
31
Bischofsholer Damm
2
44
SÜDSTADT
Hildesheimer Str.
50
Bemeroder Str.
B65
32
Masch-
see
B6
45
40
B6
MITTELFELD
600 Meter

SIE WOLLEN NOCH WEITER AUF DEN SPUREN DER *hannoverschen Geschichte* WANDELN?

Hier gibt es sachkundige Informationen:

Andreas Ackermann
Förderverein Von Alten Garten e.V.
Botanisch-Kulturhistorische Führungen im Frühling und Herbst nach Absprache
c/o Büro Ackermann
Falkenstrasse 25 | 30449 Hannover-Linden
Tel: 0511/924 52 31
E-Mail: info@buero-ackermann.de
Website: www.buero-ackermann.de

Ralph Anthes
Stadthistorie Hannover –
Eine Zeitreise durch Hannover
Die Webseite enthält historische Stadtpläne und beschreibt historische Ort in Hannover. Durch Früher-Heute-Vergleiche und thematische Rundgänge werden die Veränderungen in der Stadt dargestellt.
Website: www.stadthistorie.info

Klaus-Peter Fuhrmann
„Lebendige Geschichte Hannover"
Erlebnisführungen, Geisterführungen, Kriminalführungen, Zeitreisen
Ackerstraße 2 | 30851 Langenhagen
Tel: 0511/742838
Mobil: 0172/5152338
E-Mail: klaus-peter.fuhrmann@web.de
Website: http://hannover-entdecken.de.tl/

Lars Knauer
Vorbei e.V.
Der gemeinnützige Verein Vorbei e.V. ist bundesweit tätig und beschäftigt sich mit dem Erhalt und der Dokumentation zeitgeschichtlicher Bauwerke. Eine Führung durch die Vereinsanlagen ist nur nach vorheriger Terminabstimmung möglich.
E-Mail: info@vorbei-ev.de
Website: www.vorbei-ev.de

Rainer Künnecke
ZeitSprünge
Lebendige Szenen aus vergangenen Epochen
Kommandanturstr. 7 | 30169 Hannover
Tel: 0511/64205066 | E-Mail: r.kuennecke@gmx.net
Website: www.zeitsprünge.info

Jürgen Meyer
Nachtwächter, Tenor, Schauspieler.
Stadtgeschichte ein wenig anders.
E-Mail: juergenbeat@gmx.de

Stadt Seelze
Seelze – Obentrautstadt
Lebendige Geschichte; mit Obentraut durch Seelze – Historischer Stadtspaziergang mit Wegbegleitung
Rathausplatz 1 | 30926 Seelze
Tel: 05137/828-0 | E-Mail: info@stadt-seelze.de
Website: www.seelze.de/seelze/wirtschaftsnah/stadtmarketing/lebendige-geschichte/

Ulrich Seiler
Nordstadt Online
Hannovers Nordstadt – online entdecken.
E-Mail: info@nordstadt-online.de
Website: www.nordstadt-online.de

Uwe Stelter
Metropolitane Weltspaziergänge
Click & Walk
Erderstr. 34
30451 Hannover
E-Mail: ustelter@hannover.sgh-net.de
Website: www.uwestelter.com

Jürgen Veith
Hannover entdecken!
Kunstspaziergänge, Kirchenführungen, Stadtführungen, Führungen im Großen Garten und im Georgengarten, Führungen im Museum Schloss Herrenhausen.
Tel: 0511/54353018
Mobil: 0178/7324374
Website: www.kunstspaziergaenge-hannover.de

Verein „Renaissance Gartenfriedhof"
Arnswaldtstr. 19 | 30159 Hannover
E-Mail: gartenfriedhof@gmail.com
Website: www.gartenfriedhof.npage.de

Marion Wrede
Kirchenpädagogik Marktkirche
Hanns-Lilje-Platz 2
30159 Hannover
Tel: 0511/9843 7065
Mobil: 0175/20 66 7 55
Website: www.marktkirche-hannover.de
Website: www.bvkirchenpaedagogik.de

Publikationen:

Krische, Michael: Das Neue Rathaus Hannover – Entstehung, Architektur, Bedeutung. Springe 2006.

Krische, Michael: 575 Jahre Stadtbibliothek Hannover – Geschichte und Geschichten. Hannover 2015.

Krische, Michael: Hannovers schönste Seiten. Hamburg 2014.

Krische, Michael: Herbert Schmalstieg – ein Leben für Hannover. Biographie. Hannover 2012.

Krische, Michael: Kennen Sie das noch? Eine fotografische Reise durch das Hannover vergangener Jahrzehnte. Hannover 2014.

Mlynek, Klaus; Röhrbein, Waldemar R.: Geschichte der Stadt Hannover, Band 1 und 2. Hannover 1992.

Mlynek, Klaus, Röhrben, Wlademar R.: Stadtlexikon Hannover. Hannover 2009.

Oehler-Austin, Ekkehard: Hannover. Rundgänge durch die Geschichte. Erfurt 2011.

Haftungsausschluss

Trotz intensiven Austauschs mit unseren Gesprächspartnern, gewissenhafter Literaturrecherche und aufmerksamem Korrekturlesen erheben wir weder einen Anspruch auf Vollständigkeit noch auf Fehlerlosigkeit. Wir haben streng darauf geachtet, keine Urheberrechte zu verletzen, unsere Recherchen sind nach bestem Wissen und Gewissen erfolgt. Dennoch übernehmen wir keinerlei Gewähr für die Aktualität, Korrektheit oder Vollständigkeit der bereitgestellten Informationen. Haftungsansprüche gegen uns schließen wir grundsätzlich aus.

Spannende Romane

VON DER „GEHEIMNISSE“-AUTORIN EVA-MARIA BAST

Vergissmichnicht

Die Journalistin Alexandra Tuleit stößt auf einen mysteriösen Mordfall, der sich 1980 in Überlingen ereignet hat. Der Täter wurde nie gefasst. Wenig später wird ihre Informantin tot aufgefunden. Zur gleichen Zeit verschwindet in Südfrankreich eine Frau – und die Spuren führen nach Überlingen und Konstanz …

Ein spannender Krimi mit viel Lokalkolorit vor der traumhaften Kulisse des Bodensees.

Eva-Maria Bast, Vergissmichnicht: Der erste Fall für Alexandra Tuleit und Ole Strobehn. 280 Seiten. Gmeiner-Verlag 2012. ISBN: 978-3-8392-1338-4

Tulpentanz

Der junge Geliebte der Firmenchefin Helena Eichenhaun wird am Bodenseeufer tot aufgefunden. Zeitgleich verschwindet in Aalen die Pfeife des Spions – eines Wahrzeichens der Stadt. Alexandra Tuleit und Kommissar Ole Strobehn enthüllen eine unglaubliche Geschichte, die tief in die Vergangenheit führt …

Hochspannung zwischen Aalen und dem Bodensee!

Eva-Maria Bast, Tulpentanz: Der zweite Fall für Alexandra Tuleit und Ole Strobehn. 410 Seiten. Gmeiner-Verlag 2013. ISBN: 978-3-8392-1413-8

Mondjahre

Deutsches Reich 1914. Johanna, Sophie und Luise sind drei mutige, starke und schöne junge Frauen, die Zukunft liegt verheißungsvoll vor ihnen. Doch dann bricht der Krieg aus und zeigt ihnen das Leben von seiner finstersten Seite. Sophie erwartet ein Kind von einem Franzosen, der jetzt Feind ist, Luise und Johanna geraten in russische Gefangenschaft. Der Krieg verlangt ihnen alles ab. Aber er macht sie auch stärker.

Frauenschicksale in Ostpreußen und am Bodensee.

Eva-Maria Bast, Mondjahre. 466 Seiten. Gmeiner-Verlag 2014. ISBN: 978-3-8392-1545-6

Kornblumenjahre

1923 wird das Ruhrgebiet von Franzosen besetzt. Der Hass gegen sie wächst und die Bevölkerung leidet. Johanna, Luise und Sophie müssen um ihr Glück kämpfen. Am Bodensee wird auf Sophie, Mutter eines Halbfranzosen, ein Anschlag verübt und sie flieht zu Luise ins Ruhrgebiet. Als deren Gatte Siegfried jedoch davon erfährt, bedroht er die Frauen, die in ihrer Verzweiflung eine schreckliche Tat begehen. Und plötzlich begegnet Sophie ihrem einstigen Verlobten, dem Franzosen Pierre, wieder ...

Teil II der großen Jahrhundert-Saga.

Eva-Maria Bast, Kornblumenjahre. 441 Seiten. Gmeiner-Verlag 2015. ISBN: 978-3-8392-1694-1